日本人は「国際感覚」なんてゴミ箱へ捨てろ！

ケント・ギルバート

祥伝社

日本人は「国際感覚」なんて
ゴミ箱へ捨てろ！

カバーデザイン／盛川和洋
編集協力／杉本達昭

はじめに

2016年をふり返って、世界中を驚かせた大ニュースと言えば、ブレグジット（イギリスのEU離脱）の決定と、不動産王のドナルド・トランプ氏がアメリカ合衆国第45代大統領に当選したことだろう。ともに、大手メディアが事前の予想を見事なまでにハズしたという共通点があった。

この二つの出来事について、もし「まったく予想外だった」という人がいたら、残念ながらメディア情報を見極める能力、すなわち「メディアリテラシー」に問題がありそうだ。いま時代が大きく変わりつつあるというのに、なんの準備もできていない可能性が高い。

インターネットが普及する以前の私たちは、新聞や書籍、雑誌といった印刷物や、映画、テレビ、ラジオなどのマスメディアを頼りにして、世間のさまざまな情報を入手していた。それと同時に、マスメディアの情報は信頼できると考えていた。

ところが、マスメディアは知らないあいだに、信頼を裏切る横暴な存在になっていた。この横暴は長期間隠されてきたが、個人が世界に向けて情報を発信できるインターネットが普及し、なかでもツイッターやフェイスブックなどのSNS（ソーシャル・ネットワーキング・サービス）が開発されると、メディアが平気でウソをつく現実が白日の下にさらされた。

その集大成が、昨年の米大統領選挙だった。トランプ大統領は大統領就任式の後、はじめて臨んだ記者会見の席で、CNN（本来は「ケーブル・ニュース・ネットワーク」の意味だが、「クリントン・ニュース・ネットワーク」や「チャイナ・ニュース・ネットワーク」などと揶揄《やゆ》される）の記者に「お前たちはフェイク（偽の）ニュースだ！」と叫んだ。

しかし私は、CNNより悪質な日本国内のフェイクニュースをいくつか知っている。詳細については本文を読んでいただきたいが、彼らが「報道しない自由」を行使したり、平気で「虚偽報道」を行なった結果、多くの日本人が「平和ボケ」の状態から抜けだせない。

じつを言うと日本人は、世界でいちばん「フェイクニュース」にふり回されてきた民族だ。その期間は80年を超えている。本書ではその事実や弊害を検証しながら、今後の日本が進むべき「ジャパン・スタンダード（日本基準）」の方向性を示したいと考えている。

平成29年2月

ケント・ギルバート

目次——日本人は「国際感覚」なんてゴミ箱へ捨てろ！

第1章
いまだジャパン・スタンダードを自覚できていない日本人

ふたたび脚光を浴びる日本

日本は沈んでいた？

かつて日本経済は、もはや凋落《ちょうらく》するだけと見られていた。そのせいで国際的な存在感も、政治的な発言力も、どんどん低下しているといわれていた。80年代はアメリカなどから「ジャパン・バッシング（日本叩《たた》き）」をされるほど勢いがあった日本経済が、軽視され無視される「ジャパン・パッシング」を経て、とるに足らないものとなったいまでは「ジャパン・バニッシング（消えかけている）」になったという自虐的なダジャレもあった。

ところが現在はどうだろう。「日本の国民性はすばらしいから、かならず生き残る」「表向きの経済の数値はよくないかもしれないが、底力があるから問題ない」といった前向きな言葉が日本じゅうにあふれている。

結論から先にいえば、「失われた20年」といわれたあいだも、日本経済は絶望するほど落ちこんでいなかったし、現在も浮かれるほど盛りあがってもいない。異常なまでの円高が終焉《しゅうえん》するとともに株価が持ち直し、デフレ傾向は解消しつつあるが、年間2パーセントのインフレターゲットは達成できていない。現在も横ばい状態が長く続いている。

注目すべきは、**気の持ちようでここまで自己評価が一変する**ということだ。「ジャパン・パッシング」や「ジャパン・バニッシング」も自虐的な自己評価にすぎなかった。**油断して努力や工夫を怠《おこた》るのはダメだが、日本人にはその心配が少ないから、落ちこんでいるよりかは浮かれているくらいがまだいい。**

投資家も「もうおしまいだ」「金もうけなんか、むなしいだけだ」と悲観している経営者に対して投資するはずがない。うまくいかない状況下であっても建設的な考え方のできる経営者に投資する。とっかかりは具体的な数字が求められるとはいえ、最後は人間が人間を評価するのだから、「気持ち」というものを無視できるはずがない。

日本人の自己評価が急変した理由のひとつは、インターネットによって**外国からの高評価**を知ったからだろう。それまでの日本人は、長年、国内の新聞やテレビ報道を通じた**自虐的なニュース**しか聞かされてこなかった。「アメリカが日本に不信感を持っている」「国際社会が日本を批判的に見ている」と既存メディアが記事にすれば、**「そりゃまずいな」**と動きを抑えられた。
しかしいまでは、英語さえ多少わかれば、誰だって記事のソースを確かめることができる。その問題に関する現地の識者や、一般人の意見だって読める。なによりもインターネットがあれば、世の中に存在する多くの意見を簡単に比較できる。そのことに日本人が気づいてしまった。

「もとの記事では、そんなこと、ひとことも言ってないじゃないか」――**捏造《ねつぞう》**
「A新聞はずいぶんと曲解したものだな」――**印象操作**
「ただの誤訳か」――**意図的な誤訳**も少なくない
「なーんだ、あの問題記者（問題政治家）の発言だったのか」――**バイアス**

という**カラクリ**が全部わかってしまう。
ちょっと前までは、インターネットで日本のことを称賛したり擁護したりすると「ここにネトウヨがいるぞ！」と袋叩きにされた。しかしこうやって毎日「ネトウヨ探し」をしている連中が、たんなるヒマな人ではなくて、プロフェッショナルの反日主義者や外国工作員だということがわかってくると、**「愛国とネトウヨは違うんだ」**と自己主張できる人が増えてきた。

あいかわらず海外の意見を尊重する日本人のクセは変わっていないが、**自虐フィルターを通した捏造記事や「意図的な誤訳」**を信じるよりかはずっとマシだろう。

「日本は世界最高クラスを維持できている」という海外の高評価を知って日本人が元気をとり戻したということは、逆にいえば、これまでは「日本は世界でも最低ランクの国」というウソによって自信を喪失《そうしつ》させられてきたともいえる。

誤解だらけだった欧米人の日本観

欧米の人にとって、日本はずっと「神秘の国」だった。

日本の浮世絵に強い影響を受けていたというゴッホは、貧しい暮らしの中で、永遠にその目で見ることのない夢の国・日本に思いをめぐらせていた。フランス人のインテリや富裕層には、いまも日本の浮世絵、着物、武道などを好む人が多いが、彼らの感覚はゴッホの時代からほとんど変わっていないように見える。はるか遠い極東の地ではぐくまれた、独自の文化に対するあこがれがあるのだ。

その一方でアメリカの田舎に行くと、地元のこと以外はまったく知らないような人がたくさんいる。彼らにとっての日本のイメージは、いまも100年前と変わらない「フジヤマ・ゲイシャ・サムライ・ニンジャ・ハラキリ」でしかない。ソニーはアメリカの会社だと思っているアメリカ人も多い。

いずれにせよ日本に対する興味は、ごく一部の特殊な領域に限定されてきた。欧米人の日本に対する知識は、誤解だらけだともいえる。知らないということは恐ろしい。無関心だけでなく、不安や恐怖の感情を生みだす。

戦時中のアメリカ人が日本人に持っていたイメージは、「何をしでかすかわからない野蛮人」だった。当時の国威《こくい》発揚《はつよう》ポスターでも日本人は「倒すべき敵」として描かれた。どれも背が小さくて頭が大きく、丸いメガネをかけ、歯が出ていて、薄笑いを浮かべている。「邪悪な猿」のイメージをアメリカの当局がつくりだしていったからだ。

もちろんこれと同じことを、日本も自国民に対して行なっていた。描かれるアメリカ人は鼻がピノキオのように高く、イギリス人とセットにされて「鬼畜《きちく》米英」と呼ばれていた。やはり野蛮人のイメージだ。

無理解は戦後も続く。80年代になって日本の経済力がアメリカを圧迫すると、戦時中に植えつけられた日本人のイメージが復活する。日本の国民総生産がアメリカに肉迫し、その総資産はアメリカ本土を買い占められるほどの規模と報じられて、**「日本人は経済戦争によって、敗戦の復讐《ふくしゅう》をしようとしてるんじゃないか」**という不安と恐怖がよみがえった。

高度経済成長を経て、日本は圧倒的な経済力を誇るようになったが、長いあいだ、G7などのいわゆる国際社会で主導的な立場をとることはなかった。国際社会の実態は、アジア、アフリカ、中南米をふくまない**欧米主要国の集まり**だからだ。

そのとき日本人は「人種差別があるからだ」「敗戦国だからだ」「英語がしゃべれないからだ」とも、あるいは「日本政府の政治力がないからだ」とも考えた。さらに、「日本人は欧米で、働くことしか能のない**エコノミック・アニマル**と揶揄《やゆ》されているからだ」と自虐的にとらえた。

しかし、日本が仲間に入れてもらえなかった理由は、もっとシンプルなものだと思う。G7は欧米先進国クラブである。各国首脳や政府関係者は参加国中**「唯一の非欧米国」である日本のことをよく知らなかった**のだ。A学校の同窓会にひとりだけB学校出身の人が混じっているのを思い浮かべればよい。だから、日本がどれほど重要な国かということもわからなかった。

いまでもほとんどのアメリカ人は、「原爆投下も市民に対する爆撃も、あのときはやむをえなかった。先に真珠湾を奇襲したのは日本なのだから、その報《むく》いだ」と考えている。それと同時に、心の奥では「やられたからやり返しただけとはいえ、多くの市民を殺したことは、まぎれもない事実。日本人がアメリカ人のことを心から信用しているはずはない」と不安視するアメリカ人もいる。

ようやく日本というものを理解しはじめた欧米人

初来日から46年、日本滞在37年の経験から日本人のことをそれなりに理解しているつもりだった私は、アメリカに住む親戚や、友人・知人たちに、**「日本人ほど親切・誠実な国民はいない」**「日本は世界でいちばん治安がいいから、アメリカ人がひとりで旅行してもトラブルに巻きこまれることはまずないよ」と何度も説明したが、なかなか信用してもらえなかった。

人間は基本的に、自分の経験と常識を使ってものごとを判断する。近所のスーパーに買いものに行くときも、護身用に拳銃を持ち歩くことが当たり前であるアメリカ人の常識に照らせば、「そんなユートピアみたいな国があるものか！」と疑うのはやむをえない。

彼らの常識や先入観、偏見が、ツイッター、フェイスブック、ユーチューブ、インスタグラムなどのSNSを通じた口コミで、少しずつ解消されていった。インターネットが普及したおかげで、**大量の「ナマ」の日本情報が毎時、世界中をかけめぐっている。**芸術や商品を通してではなく、現代を生きている一般日本人の姿や考え方、生活様式、行動などをじかに知ることができるようになった。

すると、「日本人にも、いろいろな人がいる」「日本人も笑ったり、ジョークを言ったりするんだ」という当たり前のことをはじめて知るようになる。イチローや錦織圭《にしこりけい》、佐藤琢《さとうたく》磨《ま》のように、アメリカで活躍するキャラクターが、みんな魅力的だということもひと役買っている。

日本人の性質がどういうものか、アメリカに対する感情がどのようなものかがわかると、当然のように多くのアメリカ人が**「日本こそがほんとうに信頼できる真の友人ではないか」**と考えるようになった。この大きな変化は、ここ数年とくに強まったかもしれない。

理解が進むと、神秘的ではなくなる。外国人から「日本は神秘の国だ」と言われると喜ぶ日本人も多いのだが、「神秘」というのは「自分たちの文明が持っている常識や価値観では測《はか》ることができない」という意味でもある。「未開」や「野蛮」も見方によっては神秘的なのだ。

ジャングルの山奥や絶海の孤島、地球の裏側に暮らす人々の社会は神秘的。「すごい」にせよ「独特だ」にせよ、自分たちの価値観の外側にあるものという認識だった。しょせんは異質なものに対する好奇心にすぎない。かつての日本文化も、明らかに**西洋文化の枠の外側**におかれていた。無理解が前提になっているのだ。

しかしいまは、誰でも自分で知識や情報を集められる。日本のマンガやアニメを使って日本語を学んだという欧米人が出てきた。なるべく西洋的なものを排除し、日本的な生活文化の追求を実践する人たち——「日本おたく」も現われた。彼らはまだまだ少数派かもしれないし、周囲からバカにされることもあるが、すごいのは**日本的な価値観で人生を過ごしたいと考える欧米人が出現した**ことだろう。もはや愛好家のレベルではない。

酔っぱらって道路や電車の中で寝てしまっても、自分たちの国のように「起きたらカバンがない」という経験をしなくてすむ国が日本である。昔、激しく戦ったアメリカ人だからといって、不意に襲われたり、罵声《ばせい》を浴びせられることもない。タクシーの中にスマートフォンをおき忘れても、翌日には手もとに戻っている。欧米なら「奇跡的な美談」だが、日本では「日常茶飯事」だ。

日本語も話せない外国人が居酒屋に行って、隣に居合わせた客と盛りあがったなんて話は想像もできないことだった。昔からそういうことはあったのだろうが、海外には知らされていなかった。むしろ観光客だからということで大事にされたという口コミが伝わってくると、日本観光は一部の富裕層だけのものではなくなる。

幼いころから「日本はロクでもない」と教育されてきた中国人や韓国人が、「ロクでもないのは自分の国だった」と気づくのが、日本観光の効果である。

これまでも浮世絵、武道、禅、マンガ、アニメといった一部の日本文化に没頭する欧米人は多くいたが、いまほど日本というものをより広く深く知る機会にめぐまれた時代はなかった。なにより**一部メディアの偏《かたよ》ったフィルターを通さない日本の正しい情報**を得られるようになったことが大きい。

残念ながら、日本の情報を海外に発信する在外日本人記者の中には、悪意と偏見に満ちた記事ばかり書く者がいまでも複数いるし、彼らは日本の左派メディアや国連組織とも連携して日本をおとしめるマッチポンプ（自作自演）を行なう。もはやジャーナリストというよりも、工作員の呼び名がふさわしい。

本物の知識や情報が増えることで、日本人や日本という国に敬意をはらう人が増えてきた。そしていったん理解すると、この国が知れば知るほど奥が深いこともわかってくる。日本はけっして閉じた社会ではなくて、十分に開かれているのだけど、それでも欧米人の理解の範囲を超えていた。

未開や野蛮だから理解できないのではなく、**日本には西洋とはまったく異質の文明が存在している**と気づかされた。欧米人は日本のすごさを認めざるをえなくなった。

このようにインターネットの普及は、日本人をメディアの自虐的な見方から解放し、また外国人の日本に対する正しい見方を広めるのに、ひと役かっている。

日本人が誤解する世界の中の日本

新しい価値を創造する社会

アジアの人たちから見た日本は、**アジアが誇る文明国**だ。極東の小さな島国でありながら、西洋の大国たちを相手に真正面から戦争をしかけ、アメリカ以外の国には勝利した。そしてここからがすごいのだが、**戦後の日本は焼け野原から復興し、多くの価値革命を起こした。**

たとえば音楽業界。日本はアメリカに次ぐ世界屈指の音楽市場で、ＣＤの売上だけを見れば日本の約2・6倍の人口を持つアメリカとくらべても大差ない。これは中国や韓国が逆立ちしてもかなわないところだろう。

韓国の歌手たちが日本に大挙して押しよせるのも、巨大市場があるからだ。日本で売れれば韓国の何十倍ものビジネスになる。実際に日本で活動してみると、そういった経済面だけでなく、業界のシステム、ショーの音響や舞台演出、ファンや聴衆の質、アーティストに対する敬意、すべてが韓国とは別世界だということがわかる。

彼らは小さな韓国に閉じこもっているかぎり想像もつかない現実を目《ま》の当たりにする。日本で一度でも売れた人であれば、祖国での活動なんてどうでもよくなるだろう。本音を口にしたら、母国の愛国者たちから執拗《しつよう》な攻撃を受けるから黙っているだけである。彼らが日本を去るときは、売れなくなったときか、男性なら兵役につくときだ。「愛国心に目《め》覚《ざ》めた」という理由から祖国での活動に戻ることは絶対にないだろう。

なぜ、日本の音楽市場はここまで成長できたのか。

音楽をデジタル化してネットで配信するシステムを発明したのはアメリカだが、「音楽を携帯して野外で聴く」という文化を生んだのは、ソニーのウォークマンである。それまでは野外で音楽を聴きたければ、大きなラジカセを持ち歩くしかなかった。**ウォークマン文化**があったから、私たちはいま、スマートフォンで音楽を聴くことができる。

また、「一般人が自分の歌をネットで発表する」という文化を生んだのは、日本が生んだカラオケなしには語れない。それまでは、自分の歌を他人に聴かせるのはプロの歌手か、それなりの訓練を受けた人だけだった。カラオケのおかげで、誰もが簡単に歌を練習できるようになった。

カラオケ文化がなければ、ＦＯＸテレビの「アメリカン・アイドル」という人気オーディション番組の審査員は、相当な苦痛を味わうことになった可能性が高いし、ユーチューブで素人が自分の歌を配信し、人気者になってプロとしてスカウトされるような文化もなかっただろう。

価値革命とは、それまでは当たり前でなかったことを当たり前にして、社会を変え、世界を変えること。日本人はこれをたくさんやってきた。ほとんどのアジア人が昆布からとる日本のダシの存在を知らなくても、日本人が発明した**化学調味料**を日本人以上に使っている。

インスタントラーメンの発明も価値革命だ。今日ある世界的なラーメンブームはインスタントラーメンの普及から生まれた。世界レベルで見れば、生麺《なまめん》のラーメンは食べたことのない人がほとんどだが、インスタントラーメンを一度も食べたことがないという人は少数派だろう。その事実を前にして、「ラーメンの起源は中国だから、評価できない」という人がいたら、世の中のしくみをまったく理解できていない人だと思う。

なんといっても高く評価されるのが、**生産管理のシステム**かもしれない。工場のオートメーション化や流れ作業を最初に実現したのはイギリスだ。これをアメリカのフォードがとりいれ、ベルトコンベア方式で「T型フォード」の生産を行ない、高級品だった自動車の大衆化を実現した。

しかし、精密な製造品ほど人間の手が必要で、完全なオートメーション化はできない。エラーを見つけるのも人間だ。なるべくエラーのない大量生産を得るには、人間と機械の融合が必要になる。日本人はそのための機械や管理システムを創造してきた。先進国以外の国で複雑な工業製品が生産できるようになったのは、こういったシステムを日本が開発したからである。

戦後の日本はこういった価値を多く生みだし、世界じゅうで一般化してきた。これこそが文明国のあるべき姿である。**国家の経済力を総合的に評価する場合、価値革命をもたらしたかどうかが重要**なのだ。なによりすごいのは、これらが民間人の創意工夫から生みだされたことだろう。

日本という国のほんとうのすごさ

経済的な利益を生みだすだけなら中国や韓国もやっている。むしろ日本より上かもしれない。では彼らは、世界が変わるような価値を生みだしただろうか。私には古代中国の、羅針盤《らしんばん》、火薬、紙、印刷という「四大発明」くらいしか思い浮かばない。

中国人や韓国人でもマトモな人なら、「自分たちの国の文明は日本の足もとにもおよばない」という事実をわかっている。日本のことをバカにしているのは、生まれた町から一歩も出たことのないような人だけだ。

残念なことに、日本のほんとうのすごさを理解できていないのは、日本人も同様かもしれない。日本は数多くの復活劇をモノにしてきたが、ここでは3つだけを考える。

一度目は明治維新。それまで約220年間鎖国していた日本が国を開き、危《あや》うく植民地になりかけたが、「富国強兵・殖産《しょくさん》興業」のスローガンのもと、短期間で欧米の大国と肩を並べた。さらに、日清戦争と日露戦争の勝利によってアジアの覇者となり、「世界五大国」の一角を占めた。もちろん鎖国をしていた江戸時代の社会が、日本人の資質づくりに大きな影響を与えたのだが、ほとんどの外国人は、ゼロの状態からトップグループに急上昇したとカン違いしている。

二度目は第二次世界大戦後。これは文字どおりゼロからの復興だったが、80年代にはアメリカと並ぶ経済大国になった。もともと第二次世界大戦で、航空母艦をふくむ連合部隊を実戦投入できた国は、日本とアメリカくらいだったのだから、当然の結果ともいえる。

そして**三度目がバブル経済崩壊後**。もっとも学者たちは「バブル経済」とはいうが、当時は日本の2倍の人口がいたアメリカと肩を並べるほどの経済力を持ったという事実を、「バブル」のひとことで片づけてよいものかどうか。それをいうなら、めざましい経済成長の大半はバブルだろう。日本経済は雌伏《しふく》の時代を迎えることになったが、その底力によって、いまなお世界に存在感を示し、世界ナンバーワンの債権国を25年連続で維持している。

落ちそうで落ちない日本。何度転んでも起きあがってくる日本。私はいぜんこれを**フェニックス**（**不死鳥**）にたとえて論じた。日本はなぜフェニックスなのか――。世界は、日本経済の底力に驚嘆し、そして注目している。

アニメや伝統文化もすばらしいが、日本が世界から注目され感嘆される理由は、この何度転んでも起きあがってくるフェニックスのような経済的底力に他ならない。すぐれたアニメや伝統文化は、ひと握りの天才や職人がいれば生みだせるかもしれないが、**経済的な底力は国民の資質や社会体制といった総体的な力が存在しなくては生みだせないもの**だからである。

だからこそイギリスのＥＵ離脱が決まった直後、ユーロはもちろん、米ドルや株価も急落したが、円だけは急騰《きゅうとう》した。世界の投資家が**日本の通貨を、金**（**ゴールド**）**と並ぶ安定資産と考えている**ことは明らかなのだ。

平準化された社会

日本の治安がよいことも、特殊な経済システムによるところが大きい。**いちばん重要なのは、国内失業率を低く抑えていること**だろう。国家にとってGDPを上げて税収を増やすことは重要かもしれないが、**政権担当者がいちばん気にすべき数値は失業率**である。

トランプ大統領がくりかえし移民問題、自動車メーカーの海外工場建設問題のことを発言するのは、いずれも国民の失業率に直接かかわる問題だからである。失業率さえ抑えていれば国民が大きな不満を持つことはなく、政権の安定が得られる。

日本の若い層が世界に出ていかないことが問題になっているが、するといかにも「日本文化がすばらしいから、世界に出ていかない」という論調ばかり出てくる。**日本人が日本を出ていかないのは「国内に仕事がある」から**で、それ以外の理由なんかない。仕事がなければ、いかに文化がすぐれていようと、人は職を求めて外に出る。

日本人の英語が上達しないのも同じ理由だ。英語圏に稼《かせ》ぎに出ないのであれば、英語を身につける必要などない。こんな当たり前のことがわからずに、「子供のうちから英語に親しむ教育を受けさせればよい」と論じる人がいるのが信じられない。英語が身につかないだけならまだマシだが、ヘタをすれば子供がマトモな日本語すらしゃべられなくなる副作用が待っている。

日本社会は低く平準化している。つまり給与差が少ない。貧富の格差は広がりつつあるというが、それでも他国にくらべると小さい。このやり方で**必然的に多くの人に仕事**が行きわたり、失業率は低くなる。

かつて代表的な経済人だった土光敏夫《どこうとしお》さんは、おかずはめざしと味噌汁だけという質素な生活が宣伝され、「トップにある人のお手本」と称賛を受けた。復興をめざしていた当時の日本航空の社長は年俸960万円、通勤は電車を用い、昼食は社員食堂で一般社員といっしょにとって称賛された。日産のゴーン社長は**ボーナスを「もらいすぎ」と批判**され、減額に応じた。

このような日本の経営者の姿勢は、アメリカの経営者にはとても考えられないことだろう。アメリカでも「年俸1ドル」を誇らしげに言う大企業経営者がいるにはいるが、彼らはストック・オプション（自社株取得権）で数十億円の利益を受けとっている。「成功者はそれに応じた報酬を得るべき」というのがアメリカ人の基本的な考え方である。「清貧の思想」は宗教家くらいだ。

日本のやり方を**非効率的**だと批判する人はいる。資本主義の根本原理は、「経済を動かす層により多くの富を集中させ、投資を行ないやすくすれば、全体の資本はより潤滑《じゅんかつ》に回る」というものであり、アメリカ社会はこの原理を実践してきた。これと相《あい》いれない日本のやり方に対しては、「富の平準化が起こると、富が小さく分割され、**タンスの肥やし**になる可能性が大きくなる」と批判している。

結果として日本は低失業率を維持できているのだから、どちらのやり方が正解かはわからない。戦後の日本のことを「世界一成功した共産主義国」と揶揄する人もいる。世界は日本の将来を興味深く見守っている。

平和を尊重するから国際社会で支持されている?

9・11によって、アルカーイダの名はテロ組織の代表格として世界に広まった。テレビであの衝撃的な映像を見ながら、「被害者には同情するが、アメリカがいままでにしたことを思えば、抵抗の手段として認めざるをえない」と考えた日本人がいたとしたら、その人は、**「アルカーイダによる飛行機テロの最初のターゲットは日本人だった」**という事実について、どう説明するのだろう。

アメリカの同時多発テロからさかのぼること6年、1995年にアルカーイダがたくらんだ**「ボジンカ計画」**では、空中の飛行機11機を同時爆発させ、約4000人の被害者数を見こんでいた。このテロ計画は失敗に終わったが、もし成功すれば被害者の半数は日本人だった。テロ対象の飛行機の大半が成田《なりた》経由だったからだ。つまりアルカーイダは明確に日本人をターゲットにしていた。

その前年には、アルカーイダによる最初の飛行機テロが実行されている。マニラ発成田行きの**フィリピン航空434便事件**だ。座席の下にしかけられた爆弾によって飛行中に乗客が即死し、この爆発で機体に穴があいた。あわや大惨事のところ死者1名に食いとめられたが、その1名の被害者が日本人だった。ちなみにこの飛行機テロの主犯のラムジ・ユセフは、1993年に起きた世界貿易センター爆破テロの主犯でもある。

2013年には、アルカーイダ系の武装勢力がアルジェリアの天然ガス精製プラントを襲い、日揮《にっき》とその関連会社の日本人社員10名が殺された。

近いものでは、2016年のバングラデシュの首都ダッカのレストランで起きたテロで、ジャイカ（国際協力機構）の日本人7名が殺された。

日本人は20年以上も前から、テロのターゲットにされていた。しかし、それを何か偶然のことのように受けとめてきた。**「日本人が政治的な理由で外国人から命を狙《ねら》われるはずはない」**と信じこんでいるようだが、思いこみだ。ISにとらわれた日本人が虐殺される映像を見せられて、はじめて「日本人が何か悪いことをしただろうか」と、のんきに言っている。**まるで過去の日本人のテロ犠牲者を忘れてしまったかのようだ。**

「自分たちは他人を思いやる社会の住人であり、平和国家の国民だから、相手もまた自分たちを傷つけないだろう」

日本人はいつになったら、こんな妄想から目が覚めるのだろうか。犠牲者や遺族には酷な話だが、本人の強い意志で危険地帯に行ったのであれば、ISの被害は受忍《じゅにん》すべき結果ではないのか。

彼らは偶然、日本人を傷つけたのではない。**日本人だから傷つけたのだ。**このことは明白な事実だ。それなのに傷つけられても傷つけられても、日本人は気づかない。どこまでお人よしなのか。それとも**「平和の民である日本人が敵対する目で見られている」**ということを認めたくないからなのか。森の中で野生の熊と遭遇しても、同じ理屈を言うつもりなのか。

いますぐ古い看板を下ろせ

戦後日本は、アジア諸国の尊敬をとり戻してきた。それは事実だ。

日本はアジア諸国に進軍し、アジア諸国をヨーロッパ列強の植民地支配から解放した。これを契機に住民には独立心が生まれ、再度の植民地支配を拒んでそれぞれ独立戦争に勝利した。

「しかしその過程で多くの犠牲をもたらしたのも事実」

日本人はそう真摯《しんし》に受けとめ、謝罪し、中国と韓国をふくむこの地域に、多大な経済援助を実行してきた。日本の無私の行為に対し、中国と韓国以外のアジア諸国は、素直に感謝の意と敬意を示している。

中韓以外のアジア諸国の真意は、**「もう過去の話は終わった。いま大切なのは、この地域にある貧困をどうやって克服するかであり、それには日本の力が必要だ」**となっているのに、日本にはその期待を受けとめて「アジア地域のリーダーとしてやっていこう」という自覚がなかった。

彼らが求めているのは、同情ではなく、「地域の問題を共有しよう」とする前向きな姿勢だ。つまり、**一にも二にも経済協力。「平和国家を標榜《ひょうぼう》したから尊敬されている」という古くさい看板**はさっさと下ろし、新たに**アジア唯一の文明国としての強い自覚**をかかげなくてはならない。

そして日本の側も、アジア諸国への経済協力を、**国益**へと変えていかなくてはならない。彼らの利益が日本の利益にもなることで、はじめて健全で対等な関係が築《きず》かれる。なかには日本から一方的な利益を得ようとする国や政権があるかもしれないが、そのときは

「おかしいじゃないですか。お互いの国益を議論しましょうよ」と言ってやればいい。交渉は根負けしたほうが負けだ。

中韓以外のアジア諸国の政情や経済が成熟してくれば、やっかいな中韓を切り捨てても、日本は十分にやっていける。

左巻きの人たちはいまなお、**「日本が戦争を完全に放棄し、世界市民として平和の輪を広げていけば、国際的な尊敬を得られる。お金のバラマキだけで信頼は得られない」**と、自分たちのイデオロギーを押しつけてくる。宗教的な理想論は理解できなくもないが、残念ながらわれわれは厳しい現実社会に生きている。

それならば日本は、実際問題として、中国から軍事的圧迫を受けつづけるアジア諸国に、軍事力の放棄を勧《すす》めて回るべきだというのだろうか。そんな現実を無視した主張をしたら、アジア諸国は日本との関係を「カネヅル」として割りきろうと思うだけだ。

「平和、平和と理想論をくりかえされても……。日本には強力な米軍基地があるから、誰も手出ししてこないだけ。自分たちとは立場が違う。日本の話は半分だけ聞いて、とりあ

えず経済援助だけいただいておこうか」

これでは真の友人にはなれない。経済協力と安全保障協力はかならずセットだ。日本が中心になって、アジア諸国との同盟関係を築いていかねばならない。

私が考える**「ジャパン・スタンダード（日本基準）」――日本式外交の基本方針**は次のとおり。

・経済協力関係と安全保障協力関係はセット。

・「一方的に守ってやる」というのでも「軍事的協力はできない」でもなく、**「いっしょに地域の秩序と繁栄を築いていこう」**と積極的に働きかけていくこと。

・一国ずつ説得して、それぞれの国の事情に見合った全面的な同盟関係を築き、その影響を地域全体に広めていくこと。

そういった意味で、安倍《あべ》首相がフィリピン、オーストラリア、インドネシア、ベトナムといったアジアの海洋国を歴訪したことは、すばらしい政治判断だと思う。この4カ国に台湾が加わればパーフェクトだったが、さすがに中国のメンツを立てたのだろう。しかし、トランプ大統領が「ひとつの中国」の原則に縛《しば》られないようなら、日本も喜んで追随《ついずい》すればよい。

国益を「ジャパン・スタンダード」で考えることが**「ジャパン・ファースト（日本第一主義）」**だが、その前に日本人をこれまで縛ってきた「グローバル・スタンダード」、そして「国際協調主義」の正体が何かを知らなくてはならない。

国際社会の幻想に縛られる

ルールではなくスタンダード

日本人の問題点のひとつは、「世界的」や「国際的」というあいまいな概念に縛られて**しまうことだ。世界や国家間の関係は存在するが、それらをひとまとめにした「世界的」**

や「国際的」なんてものは、もとからこの地球上に存在しない。つまり、「世界はこうあるべき」や「国際社会ではこうふるまうべき」という見方は最初から存在しないのだ。

一例として、日本人が好んで使う「グローバル・スタンダード」という言葉は和製英語だ。たしかに以前から世界標準、グローバル・スタンダードという英語はあった。しかし、これは和製英語の「グローバル・スタンダード」とは明らかな別物なのだ。

本来の考え方は、海洋における共通認識に始まる。海洋上ではすべての船舶が意思統一をしていないと大事故につながってしまうから、ルールの統一が必要になってくる。「タグボートに来てほしいときはZ旗を掲揚せよ」とか、こういう基本原則を各国や各船舶が勝手に決めたのでは困る。

さらにヨーロッパのように、小国がたくさん陸続きになっていて、お互いに行き来のある地域では、陸上の交通基準も統一する必要が出てくる。「信号は赤・黄・緑、あるいは赤・緑にしよう」とか、「車は右側通行」とか。これがグローバル・スタンダードのわかりやすい例だといえる。

日本の場合、信号のスタンダードには従っているけど、車はいまも左側通行のままだ。

海洋のルールと違って、島国の日本やイギリスは、陸上の交通スタンダードを共有する必然性がない。アメリカにも［WALK］や［DON'T WALK］と英語で記された信号がある。「歩いている人の形」と「とまっている人の形」で表現してもよい。想定する利用者にわかればいい。

つまり、**かならずしも従わなくていいものだから、「ルール（規則）」ではなく「スタンダード（基準）」**と称している。

これとは別に商業が国際化したことで、商業の基準、金融の基準をどうするかという問題が出てくる。たとえば「株式会社」のしくみをどうするか。株を買って会社に投資するのが同じ国の人であれば、そのルールは国の中で決めればよい。ところが国際的な投資家の多くがアメリカ、イギリス、香港、シンガポール、中東諸国などにいるとなれば、投資のルールも彼らが決めていく。金を借りる側が貸す側の希望に従うのは当然のルールだろう。

利益を出した株式会社は株主に配当しなくてはならないし、利益があがらない株式会社の経営陣は株主の意見をとりいれなくてはならない。これはスタンダードではなく、商業上のルールで、従うのがイヤなら株式公開をしなければよいだけのこと。
さらに、これにともなって出てくるのが、工業規格や会計基準などの統一の問題で、海外企業と提携を結ぶとか、海外でどんどん商品やサービスを売っていこうとなったときには、相手の基準を受けいれたほうが参入しやすい。しかし、こういったものもいったん呑《の》んでしまうと、あとには戻りにくくなる。

こうして「グローバル・スタンダード」はつくられた

「バブル崩壊」後の日本の大企業は、海外からの投資を多く受けいれ、海外への投資を活発にするため、アメリカがつくってきた基準を積極的に採用しようとした。この場合、「海外」というのは7~8割がたアメリカのことを指している。日本政府も、とくに中曽《なかそ》根《ね》政権や小泉《こいずみ》政権のもとでは「アメリカべったり」の経済政策がとられた。**経済の自由化**という言葉が新聞の紙面に並び、次のような理屈が持ちだされた。

「日本の経済が真の国際化を得るためには、古い商慣習や日本型経営を捨て、グローバ

ル・スタンダードを積極的に受けいれなくてはならない」

アメリカ政府は、「日本市場もグローバル・スタンダードにもとづいた国際化をはかるべき」とは言っていない。ただ、「日本市場は閉鎖的だ。もっとアメリカの商品やサービスが売れる土壌をつくってくれ」と言ったまでである。**政府代表の仕事は自国経済を守るためなのだから、他国にあれこれ要求するのは当然**のことで、それを鵜呑《うの》みにするほうがバカだ。

だから日本政府の代表者もこれに対して「いやいや、売れないのはそっちの企業努力が足りないからだろう。自分たちの努力不足を棚にあげて、相手が妨害しているとは、とんだ言いがかりだ。それに閉鎖的なのは、お互いさまじゃないか」と反論すればよかった。

これが正しい二国間交渉のあり方である。力関係はアメリカのほうが上かもしれないが、そうやって議論を重ねて、ちょっとでも自分たちに有利なようにまとめるのが外交というものであって、**ねばり強い交渉力が国の存在感を高める。**

ところが当時の日本政府はその努力を放棄した。どういうわけかコメだけにはこだわったが、基本的にアメリカの要求を受けいれてきたのである。

このとき国民に向けて**「説得力がありそうに見える理由づけ」**として用いられたのが**「グローバル・スタンダード」**だった。多くの日本人が、**「世界がそうなっているんだったら従うしかないだろう。従わなければ日本が世界からとり残されてしまう」**と、反射的に納得した。

「グローバル・スタンダード」にかぎらず、**日本人は「国際的」という言葉に弱い。**国連（国際連合）を**世界が決めた正義の秩序**だと誤解し、善意による戦闘行為を**国際貢献**と誤解し、GHQが植えつけた「戦勝国史観」を**全世界共有の歴史認識**だと誤解している。

「世界的」「国際的」と称するものを無批判的に受けいれ、自分たちの頭で考えて、議論に臨むことをしてこなかった。**「世界」や「国際」に対する自虐史観に縛られていた。**

このような日本人の感覚を企業家たちが利用したにすぎない。「世界でそうなっているから」といわれて日本人は従ったが、企業は最初から「アメリカにつけば利益になる」と考えていた。利益を追求するのが彼らの仕事なのだから当然だろう。

「グローバル化」の名のもとに、組織の効率化も進められたが、そもそも「グローバル化」と組織の効率化とのあいだには、なんの関係もない。

ルールをつくったものが勝利者

もっとも「アメリカン・スタンダード」のもとで勝負して日本の利益をあげられれば、これに越したことはない。しかし基準をつくっているのはアメリカだから、つねにアメリカの都合がよいように変えられてしまう可能性がある。

たとえば著作権の保護期限の問題。かつて制作者の死後50年だった期限は60年となり、70年だということになろうとしている。この場合、日本も世界に冠たるコンテンツ大国だから従ってもいいのだが、他の国からすれば都合がよすぎるという不満になる。

もっとわかりやすい例が、**スポーツの「レギュレーション（規定）」の変更**である。たとえば**ウィンタースポーツは、「北欧、オーストリア、ドイツ、スイス、イタリアといったヨーロッパの古くからの強豪国が勝たなくてはいけない」**というのが彼らの常識だ。

ノルディック複合は、スキー・ジャンプとクロスカントリースキーの得点を組みあわせて勝敗を決める競技である。「ノルディック」はノルウェー式のこと。90年代にその団体競技で日本人選手が本家ノルウェー人選手を倒したときのことを思いだしてほしい。

日本人は「よくがんばったな」くらいにしか思っていなかったが、ノルウェーの人にしてみれば民族のプライドをすっかり失いかねないような危機だった。１９９８年の長野冬季オリンピックでは、ノルウェーの団体チームが金メダルを奪いかえしている。日本人選手が得意なスキー・ジャンプの得点比率を減らすというレギュレーション変更が行なわれたからだ。

エゴのかたまりである欧米を相手に戦うことは、それほど厳しい。完全な相手の土俵で勝利を得た日本人選手にはもっと大きな称賛を送るべきだろう。それを考えると、女子スキー・ジャンプの世界において絶対的地位を確立した高梨沙羅《たかなしさら》選手は驚嘆すべき存在といえる。彼女の個人としての才能と努力にはいくら敬意をはらっても足りないくらいだ。

それなのに**日本メディアは、「日本のお家芸《いえげい》スキー・ジャンプ競技」といった表現をなんとなくしてしまっている**。これはとんでもないジョークだ。「お家芸だから勝って当然」というのも選手やコーチたちをバカにした話だが、その前にスキー・ジャンプ競技は日本のお家芸ではない。

柔道でフランス人選手がいくら勝ったところで、フランス国内の競技人口が日本を上回ったという事実があったところで、フランス人は「柔道はフランスのお家芸」だなんて思いもしないだろう。柔道が日本のものであることは未来永劫《えいごう》変わらない。フランス人柔道選手は「永遠の挑戦者」として戦う準備をする。挑戦者ならではの競技の楽しみ方を知っている。

スキー・ジャンプほど、こまめにレギュレーションが変更されている競技はない。これをお家芸としてきたヨーロッパの選手が勝てるように、**スキー板の長さの制限などが毎年のように変更**されている。選手の身長に応じてスキー板の長さに制限を加えている。インターネットで、身長の低い高梨選手と高身長の北欧の選手が並んでいる画像を検索してみるとよい。スキー板の長さがあまりにも違うのに驚かされるだろう。もちろんスキー板は長いほど浮力がつくので有利だ。

こうした逆境の中で、何年も女王の座に君臨している高梨選手はほんとうにすごい。彼女のような選手がいるあいだに、日本の協会がレギュレーションに口をはさめる立場を築かなくてはならない。

ヨーロッパの人たちがウィンタースポーツに必死になるのは、プライドの問題だけでなく、出身選手が国際的な大会で勝てなくなることで、リゾート施設や用具メーカーなど、地場のウィンター・ビジネスに悪い影響をおよぼすという理由もある。

スポーツは立派な経済的資源だが、このあたりの感覚が日本人にはわかっていない。どこかで**「何ものにも侵されない神聖なものがスポーツ」と考えているからだ。「レギュレーションを変更してまで勝つのは卑怯《ひきょう》」と、戦う前から気が引けてしまう。**

日本人は自国発祥のスポーツを考えるとき「国際化」のことを考えて、外国人委員の意見も積極的にとりいれようとするが、ヨーロッパ発祥のスポーツにその発想はない。彼らは、「私たちのスポーツなのだから、私たちの流儀でやっていく。やりたければお好きにどうぞ。文句を言うんだったらやるな」としか考えていない。

勝利よりフェアプレーが大切？

明治になって西洋からスポーツが入ってきたとき、日本人は「スポーツは紳士のもの」という考え方を植えつけられた。しかしこれは、「試合が終わったらノーサイド。どんなに激しく戦っても、試合後はお互いの健闘を称《たた》えあおう」という意味で、**「試合中も紳士でいろ」ということではない。** 試合それじたいは、ときにはルールを破ってても足の引っぱりあいをやる。

かつてのサッカーには反則はなく、やりたい放題だった。いまのレッドカードやイエローカードの制度が生まれたのは新しく、60年代に入ってからのことだ。ある審判が赤信号と黄信号を見て思いついたというエピソードを聞いた。当時のＦＩＦＡが、サッカーの代表試合が荒っぽいままでは「国際的スポーツ」にふさわしくないと考え、１９７０年のワールドカップ大会からカードのシステムが採用された。

カードの導入には、代表試合によって自軍の選手をつぶされることを懸念《けねん》したクラブ側の要請があったかもしれない。ある意味、これも経済的理由だといえる。**スタンダードやルールはこうやって、一部の利害関係者の考えによってつくられていくことがある。**

サッカー日本代表には、相手をつぶし、あざむき、妨害してでも勝利を得ようという貪《どん》欲《よく》さが欠けているという。**そもそもフェアプレー精神は強者にのみ求められるもの**であって、弱者はいかにしてそれにつけこむかを考えることが許される。サッカー日本代表はまだまだ弱者なのだから、もっと弱者らしい戦い方を選択してもよい。きれいな試合に持ちこもうとする強者に対して、弱者がちょっとばかり汚い手を使うことは、日本以外の国では卑怯ともみじめとも思われない。

代表チームが国際大会でフェアプレー賞に選ばれると称賛する日本人が多い。**「強い敵に対しても、正面から堂々と戦った」**と。しかしこんなものは、勝てなかったチームに対するなぐさめでしかないというのが、強豪国の見方だ。

もしサッカーで、ヨーロッパや南米の強豪国がフェアプレー賞を受けて帰ったら、国民やメディアから**「勝利への情熱や執念が足りないから、きれいに見えるだけだ」と罵倒《ばとう》されることだろう**（南米のサッカーチームがフェアプレー賞を受けることもまれだとは思うが）。フェアプレーにこだわるような余裕なんか見せていたら、たちまち足をすくわれてしまうのが、きびしい勝負の世界なのだ。

サッカー日本代表はまだまだ弱者の側だが、逆に日本がお家芸としている競技で外国の選手が勝ったときも、これを徹底的につぶしてやろうとは思わない。

ながらく空手がそうだった。東京オリンピックの正式競技に決まって、これから力を入れていくのだろうが、世界大会の各階級で外国人選手にチャンピオンを奪われるという事態が続いていた。「ふがいない日本人選手」という批判がある一方で、多くの日本人が**「空手も国際的スポーツになったものだ」**と誇りに感じていた一面もあったのではないか。

こういったところで日本人の謙虚さや誠実さが裏目に出てしまう。謙虚さや誠実さそれじたいは美徳だから改める必要はない。しかし、**「日本が国際社会に認められる」という点について、過剰に意識しすぎる**点は改めてもいい。

日本人が従った国際社会の正体

戦後日本人は「日本国憲法」前文にある次の一文に縛られてきた。

「われらは、平和を維持し、専制と隷従《れいじゅう》、圧迫と偏狭《へんきょう》を地上から永遠に除去しようと努めている国際社会において、名誉ある地位を占めたいと思う」

この**憲法前文に出てくる「国際社会」がクセモノ**である。実際に戦後の国際社会の中心にあったのは、「戦勝国」の代表アメリカ、イギリス、フランス、ソ連（ロシア）、中国（中華民国→中華人民共和国）――いわゆる五大国、国連安全保障理事会常任理事国だ。

国連（国際連合）も「グローバル・スタンダード」と同様、日本人がつくりだした「意図的な誤訳」で、英語表記［United Nations］を直訳すると「連合国」。つまり**「日本やドイツの枢軸《すうじく》国に正義の戦争で勝利した国家連合」**の意にすぎない。だから、この組織の存在理由である「敵国条項――日本やドイツは**連合国**（国際社会）の敵である」が、いまだ削除されていなくて当然だろう。

では、その**「戦勝国」の代表国たちが「専制と隷従、圧迫と偏狭を地上から永遠に除去しよう」と努力しただろうか。**むしろ戦後も率先して、弱者を隷従させ圧迫したのではなかったか。**日本はアメリカなどによって都合よく押しつけられた「戦勝国史観」と「平和を願う占領憲法」に縛られていた**にすぎない。

占領時代のアメリカは日本の強さを減退させるために、さまざまなマインド・コントロールを行なった。これまでの著書で何度も述べてきた**ＷＧＩＰ**（ウォー・ギルト・インフォメーション・プログラム）である。簡単にいえば、**日本国民に「戦争で悪いことをして他国民**

に迷惑をかけたのだから、これからは弱々しくて、他国民に迷惑をかけない日本をめざそう」という感情を植えつけるためのさまざまな政策である。

この考え方の中で、憲法前文にもあるような**国際社会の尊重**が求められた。

多大な犠牲をはらって戦争に勝ったのだから、**対戦国が二度と反抗してこないように弱体化しておくのは、あるべき選択肢**だろう。ところがここで新たな問題が出てくる。

ソ連の台頭によって、アメリカの最重要テーマは、**「日本を弱体化する」**ことから、**「日本を共産主義勢力の影響から保護する」ことに変わっていった。「日本はもう二度と戦争をするな」から、「日本はアメリカとの同盟関係を第一に尊重せよ（アメリカをさしおいてソ連と親しくするな）」に変わっていく。**

1951年、サンフランシスコ講和条約が締結されると、日本はようやく**「フツウの国」**に戻る。時代はもはや戦後ではなくなっていた……はずだった。さらに冷戦が終わってソ連が崩壊するときには、正真正銘《しょうしんしょうめい》、日本を縛りつけるものは何もなくなっていた……はずだった。

ところが**日本人は永遠に変わらない。祖国をみずから弱体化させることによって、国際**

社会の信頼を得つづけようとした。ＷＧＩＰの毒が大脳まで回っていた。「深く反省しています。もう二度と戦争はしません」と言いつづける日本に対し、他国は「いや、もう終わったんですよ。必要があれば戦争していいんですよ」とは言わない。たとえ思っていたとしても言えない。戦争をするかどうかを決められるのは、その国の国民だけだからだ。

国連の真実は私もふくめて多くの人が何度も言ってきたが、多くの日本人がいまだ**国連中心の「国際協調主義」を捨てられずにいる。**こんなものは幻想だということに気づいてほしい。戦後のアメリカが日本に押しつけてきた「戦勝国史観」もすでに無効となって久しい。

戦後70年もたって、相手国の都合で押しつけられた歴史観をかたくなに守っているのだから、これはもう自虐の極《きわ》みというしかない。中国や韓国は日本人の自虐性につけこんでいるし、アメリカはこの奇妙な忠誠心を利用しつつ、甘えてきた。

個人にとって大切なのは何かを考えてほしい。**まず大切なのは自分や家族だ。次に大切なのが地域社会、その次が所属する国家、最後が国際社会**だ。この順序を間違えてはならない。しかし国際社会を第一義に考えるあまり、祖国をないがしろにするだけでなく、家族すら犠牲にしようとする日本人があまりにも多い。
「国際」や「世界」を表現する英語は「インターナショナル」「ワールドワイド」「グローバル」「ユニバーサル」「コスモポリタン」などさまざまあるが、私はこういった言葉に権威を感じてしまう考え方を頭から疑っている。共産主義者が自分たちの運動組織を「コミュニスト・インターナショナル（コミンテルン）」と称したのを思い起こしても、**「国際的」や「世界的」を名のる集団や政治的概念のいかがわしさ**がわかるだろう。

ゆがんだ「国際感覚」を捨てろ

「戦勝国史観」を引きずっているかぎり、日本の戦後は終わらない。いちばん大きな問題は、**日本人が後生大事《ごしょうだいじ》にしている「国際感覚」こそが「戦勝国史観」の中心的概念**だということだろう。日本人が「国際貢献」を声高《こわだか》に叫ぶたびに、海外からは**「日本は敗戦国であるという自覚を捨てられないから、国際社会という幻想の奴隷になっているのだろう」**と見なされる。世界一長い歴史の中で、はじめて負けた大東亜戦争のショックをいつまでも引きずっているのか。

ただしこのことと、多くの日本の民間人が貧困国に行って医療、教育、農業などの技術指導を行なっていることを混同しないでほしい。彼らの個々の行為は、人類愛であって、「目の前の困っている人を救いたい」という純粋な思いだ。**国際貢献などというあいまいな言葉におきかえられるべきものではない。**

PKOを国際貢献と称しているのは日本だけである。PKO（ピース・キーピング・オペレーションズ）を直訳すると「平和維持活動」だが、そのほとんどが「国連軍による治安維持活動」だ。つまり「国連による軍事行動」以外の何ものでもない。

日本人にとって平和と軍隊のイメージは結びつきにくいが、**軍隊によって平和を維持するという考え方は一般的なものである。すると「戦勝国連合の軍隊」である国連軍は、対戦相手から見れば「旧体制の維持者集団」が送りだした軍隊**だということになる。国連は「平和の維持のためには武力行使も辞さない」と理想を並べているが、これは戦争なのだ。「日本はPKOに参加するな」と言っているのではない。**日本に対する敵国条項を維持している「戦勝国連合の軍隊」に参加するという自覚をもっと持つべき**と言いたいのだ。

国連軍に参加するのであれば、「いつまで敗戦国のレッテルを貼りつづけるのだ。このままでは軍事協力なんてできない」と訴えるべきなのだが、それがこの国では**「平和のために軍事協力なんかできない」「むしろ日本は平和のための国際貢献をやるべき」という場違いの議論**しか出てこない。ものごとの本質がわかっていないとはこのことだろう。

すると平和の意味も日本人が考えているものとは違ってくる。**ある集団にとって治安が維持されていることは「彼らにとっての平和」かもしれないが、それに対抗する集団にとっては「平和」ではない。「絶対的な恒久《こうきゅう》平和」などというものは最初から存在しておらず、日本もまた、そのどちらか一方の「平和」に属しているにすぎない。**だから**戦争の反対語は平和ではない。**［War］の反対語は［No War］である。

日本人は自分たちを「平和ボケ」と自虐してきたが、平和ボケになったのは平和が長く続いたからではない。奇妙な「平和主義」や「国際協調主義」にとらわれてきたことで、ボケてしまったのである。「戦争はしませんと宣言する」ことと、「なるべく戦争を避けるように外交努力をする」こととを混同してはならない。

スポーツも政治もそうだが、いざ勝負という段階で**どれだけ割りきって臨めるかが重要**

だ。表面上で国際貢献という言葉を利用するのならまだよい。

このとき**頭の中に「国益」の二文字があるかどうか**が重要である。「国のために」とか「日本のために」とかいうと、すぐに眉《まゆ》をひそめる人に知ってもらいたいのは、世界にはそれこそ国の数だけ、教団や政治的集団の数だけ、エゴがあるという事実である。このエゴが正面からぶつかりあったり、足をすくいあったりするのが国際社会の現実なのだ。これに対抗できるのは唯一、**国益に対する忠誠心**でしかない。

結局のところ、「わが国が正しい」と信じて、わが国のエゴを押し通していくしか方法はない。相手国に譲るということは、相手国のエゴを通してやることである。

誰の目から見ても正しいものなど存在しないから、すべてにおいて**国際関係は二国間関係が基本**であって、**妥協の産物**となる。**「国際協調主義」がありえないのは、国連やEUが破綻《はたん》しているのをみても明らか**だろう。

対アメリカにかぎっていうと、オバマとトランプの政策の違いに当惑している余裕などない。政権が替われば方針が変わる。変わる必要がないのであれば、国民が政権を替える必要もないからだ。日本は新しいアメリカを相手に、新たな交渉を始めるしか方法はない。

日本国民は日本を基準に考えろ

世界で日本だけが自国旗を損壊してよい

日本の刑法92条に「外国国章損壊罪《こくしょうそんかい》」がある。外国の旗を破ったり、侮辱を加えたりすると、2年以下の懲役または20万円以下の罰金に処せられる。この法律じたいに問題はない。マトモな国であれば、たいていは規定されている。

問題は、**自国の旗を損壊したことに対する罰則が日本の法律には存在しない**ことだ。日本人は気づいていないけど、これはどう考えても異常である。

しかも、日本を除く**すべての国で「他国の旗を損壊する」ことより「自国の旗を損壊する」ことのほうが罪が重い**。反日主義者が「国際社会のお手本」のように認めているドイツの例をあげると、他国旗損壊の場合は2年以下の懲役であるのに対し、自国旗損壊の場合は3年以下となっている。やはり自国旗損壊の罪のほうが重い。

韓国でも他国旗損壊の場合は2年以下の懲役であるのに対し、自国旗損壊の場合は5年以下の懲役。自国旗損壊はたいへんな重罪だ。もっとも日本やアメリカの国旗は引き裂いたり焼いたりするのは日常茶飯事の国だから、他国旗損壊の法律は機能していない。ちなみに中国では、自国旗損壊だけが罪に問われ、他国旗損壊罪の規定はないから、日本やアメリカの国旗を損壊することは合法。やはり異常な国といえる。

ただ、日本人が絶対服従する「国際感覚」に照らせば、「自国旗損壊の罪がない」日本も十分に異常だということを自覚してほしい。

ところが左巻きの人たちは「国際感覚」を都合よく解釈し利用しているから、この問題については国際社会の常識に従おうとしない。都合のよいときだけ「国際感覚」を持ちだすのに、それ以外でスルーすることを**ダブル・スタンダード（二重基準）**という。一部の自民党議員が法改正案をまとめたことがあったが、党内にも反対があって実現にいたっていない。

反日日本人ほど、やっかいなものはない。韓国が世界にまき散らしている朝鮮人慰安婦の強制連行や戦時徴用工の問題も、もとはといえば「人権派」と称する日本人が騒ぎたてたものだった。

彼らが問題視するまで、慰安婦のお婆さんたちは「親日派」のレッテルを貼られて同じ韓国人から差別されていた。まずお婆さんたちに謝罪すべきは、韓国とその国民だろう。それがいまは国民の英雄のように持ちあげられて、反日の道具とされているのだから、あきれてモノが言えない。

反日日本人も反日韓国人も、結果として「日本帝国主義」よりもっと悪質な中国共産党や北朝鮮の独裁政権に政治利用されている。

心の中でどう思おうが、その人の自由である。たとえば、「日の丸も君が代もクソくらえ」の考え方を持つことは個人の自由だろう。

その象徴といえるのが、学校の重要な式典の国旗掲揚・国家斉唱でひとりだけ起立しない教員である。生徒や父兄が起立しないのなら、まだわかる。私立学校や学習塾の教員であれば、まだわかる。そんな学校や塾に通わせなければよいだけだが、公立学校の教員が起立しないのは納得がいかない。そもそも公務員の規律違反だ。

彼らには毎度の儀式かもしれないが、生徒からしてみれば一生に一度のハレの舞台なのだ。その子供たちの心を、くだらない個人的信条のために踏みにじってきた。どうしても起立したくないのなら、生徒たちに土下座で謝罪してほしい。

日本人は公共心を重んじる民族ではなかったのか。**多くの日本人が国旗や国歌への敬意を示している中で、自分だけ表面上だけでも周囲に合わせようとしないのは、エゴの押しつけではないのか。**

このような異常な日本人の姿を見たら、世界の人はこう思うだろう。

「自分の国を尊重できない人が、他国を尊重できるはずがない」

自分を認め、相手を認めることで人間関係は成立する。国どうしの関係も同じことだ。

在日米軍の費用負担増に応じる必要はない

アメリカの歴史は、「世界全体の秩序のために奉仕したい」という理想と、「まずアメリカ国民の利益を優先する」という現実とを交互にくりかえしてきた。理想と現実のあいだで、その二重性を見せてきた。

私個人の意見を述べれば、二重性のある個人は信用できないが、国家というものは二重性があって当然だと思っている。**国の代表者の頭にあるのは国益なのだから、それを守るためには最終的に手段を選ばない。**

問題は「国家の体裁を維持していくための利益」と「すべての国民のための利益」とのあいだにズレが生じたときだろう。あるいは一部の投資家や企業家のための政策を実行する際には、彼らがほんとうに自国のためになっているかを確かめなくてはならない。国を代表する企業のように見せかけて、1円の税金も納めていないかもしれないからである。

この場合も**「究極の国益とは何か」**が議論されることになる。いずれにせよ国民全体の利益に反する政策や政権は否定される。

トランプ大統領の公約**「アメリカ・ファースト」**は、アメリカ国民の利益を最優先するという宣言で、それじたい目新しいものではない。一部の既得権益者のためだけに働く心配がないわけではないが、その意味を善意に解釈すれば、「アメリカに納税し、アメリカ国民全体に利益をもたらす人や団体のためだけに働く」という約束をした。

では、これまで守ってきた「世界の警察官」の立場を完全に捨てられるかといえば、それは難しいと思う。アメリカは戦後の世界秩序の守護者を引き受けてきたことで、国際的地位を高め、そのことが自国経済に有形《ゆうけい》無形《むけい》の大きな利益をもたらしてきたからだ。**アメリカは世界から政治的退場をしておきながら、経済的主導だけを維持することはできない。**政治と経済は不可分なのだ。

とくに**太平洋の軍事的支配は、アメリカにとって国家の安全保障上の最重要事項**であることに変わりはない。現時点では台湾に基地をおくことができず、フィリピンの米軍基地を放棄してしまった現在、**在日米軍、なかでも在沖縄米軍はアメリカにとって最重要拠点**である。その一方で在韓米軍は在日米軍にとっての**緩衝《かんしょう》地帯**にあたる。緩衝地帯の放棄はあるかもしれないが、最重要拠点をみずから手放すことはない。

このことを日本の側に立って見れば、**在日米軍は日本のためだけでなく、アメリカの国益にもなっている**のだ。したがって、**アメリカが求めるままの費用負担の増額に応じる必要はない。**「それなら米軍は出ていってください。日本は自主防衛を進めるので、新たに対等な同盟関係に切りかえましょう」と答えればよい。強い政治家なら、「だったらお望みどおり全額費用負担しますから、尖閣《せんかく》諸島に米軍のヘリポートをつくりませんか」でもいい。

トランプがたびたび主張してきた在外米軍の大幅な削減や撤退は実現しないだろう。参謀たちに押さえこまれて、最初からなかったことになると思う。

しかもトランプがもっとも信頼を寄せるのが長女の夫だが、彼はユダヤ人だ。ということは長女もユダヤ人である。そのトランプが中東のイスラエルとアラブ諸国の対立問題に無関心でいられるはずがない。任命したマティス国防長官はもと中東地域の軍司令官である。いずれ戦争も辞さない外交が行なわれる。

中東問題に集中しなくてはならないときに、費用負担の問題くらいでアジアの同盟国を切り離す政策は考えられない。これをやったら、アメリカは全方面戦争の危険を受けいれることになってしまう。

「アメリカ・ファースト」には「ジャパン・ファースト」で臨め

日本は強い態度で「アメリカにとって、アジア最重要の同盟国である」ことを主張するだけでよい。この機会に日米地位協定を改定するくらいの気概があってもいいと思う。

韓国について言うと、日米同盟に全面的な協力をしないのであれば、アメリカから切り離される可能性はある。中国や北朝鮮にいつ通じるかもしれない「コウモリの仲間」を、ムリしてまで引きとめる必要もないだろう。しょせんは緩衝地帯にすぎない。

アメリカや韓国との交渉で忘れてはならないのが「**ジャパン・ファースト**」の精神だ。あまり「世界の秩序」「地域の秩序」の誇大理想にとらわれてしまうと、結論を見誤る。日本国民とその利益を代弁する日本政府が第一に優先すべきなのは、「**どうやって日本が生き残るか**」以外にない。

トランプの登場によって、はからずも**国際社会はその本性を現わす**ことになった。**自国の安定あってこその世界秩序**なのだ。そうした信念にもとづいて国家どうしが新たな同盟関係を構築していく局面に入った。

ツイッターで「ＥＵ離脱は加速するだろう」とつぶやいたトランプに対し、フランス大統領オランドが噛《か》みついた。

「われわれ（EU加盟国）は**自分たちの関心と価値**にもとづいて行動している。**部外者にとやかく言われる筋合いはない**」

これが国際社会の本性だ。**自分たちの他国への干渉は棚にあげておいて、他国からの干渉には不快感を示す**。こんなエゴ丸出しの社会で、日本のように相手国のことを思いやってばかりでは、足もとを見られて利用されるのがオチだろう。

それに**国際社会は、ひとまとまりの法社会ではない**。それぞれの国が、それぞれの法のもとで運営されている。またそれぞれの宗教や文化、慣習がある。**相手側の立場で考えることは大切だが、そこで得たものを自分たちの利益に結びつけなければ、たんなる相手国への奉仕者になってしまう**。

国際社会の幻想は崩壊し、あらためて**自国の利益と相手国の利益を認めあい、尊重し、保障しあう**関係の重要性が必要になってきた。そして相手国の利益を尊重するには、まず自国の利益を尊重しなければならない。

これまでのように「相手の言い分を聞いて、それを受けいれるか拒否するか」の判断をするのではなく、まず「ジャパン・ファースト」の信念を持って、相手国の「○○・ファースト」とぶつかりあう。ねばり強い交渉によってベターな妥協点を見つける。

だから日本にも二重性があってよい。国益を守るためには政治的な駆け引きも必要だ。**「仲間だから、すべて理解することに決めた」**では、正しい意味での同盟関係は結べない。**国家間に普遍的価値の共有など存在しない。**あるのは**戦略的価値の共有**だけだ。**時代が変われば関係も変わっていく**のが、二国間関係である。

こんなことは世界の常識だったが、日本人だけが理解していなかった。謙虚で礼儀正しい日本人だが、やるときはやる国民だ。ようやく訪れるかもしれない、その瞬間を心待ちにしている。

第2章

島国に住むことでメリットとデメリットを身につけた日本人

すべての人は平等？

農民根性丸出し？

時間のない読者なら第1章と第5章だけ読んでもらえればよい。そこに私が本書で言いたいことを凝縮させた。底流にあるのは「自分の常識を疑え」ということだ。

しかし、70年もの長い時間をかけて植えつけられた日本人の「国際感覚」はそう簡単に捨てられるものではないだろう。この問題の本質を知るために、しばらく「日本人とは何か」から考えてみよう。

日本人は自分たちの民族性を卑下して、**「日本人は農民根性丸出しですから」**などという。これは謙遜というレベルではなく、自虐的行動としか思えない。はじめは、この「農民根性」の意味がよくわからなかった。

「それじゃあ、アメリカ人は何の根性ですかね？」と私が逆に聞くと、
「狩猟民根性でしょうか」
「え？　遊牧民族根性じゃないんですか？　東海岸から西海岸へ移動しましたよ」
「それはないですね。遊牧民族といえば、モンゴル人など中央アジアの住民ですよ」

どうやらその人の頭の中には、「農耕民族＝日本人、狩猟民族＝欧米人、遊牧民族＝モンゴル人」という固定観念があるらしい。「日本ってそんなに農業国だっけ？」と私はずっとフシギだった。日本よりもアメリカやオーストラリア、フランスのほうがずっと農業国なのではないのか。

やがて、日本人のいう「農民根性」が、過去の**村社会から生みだされた民族性**をさしていることがわかった。いまも村社会の発想に縛られて生きているから、「農民根性」というわけだ。日本人は自分たちの閉鎖性を自虐的に語るとき、「農民根性丸出しだ」と言う。あるいは**「島国根性」**という言葉も自虐的だ。

日本の村の真ん中には田んぼがあって、そこで年に1回の収穫をするための計画経済を

毎年やってきた。今年も計画どおり収穫できるよう天に拝んで、恵みの雨を降らせてもらう。無事に収穫し、お上《かみ》に年貢を払えば1年が終わる。この1年が60回くりかえされて人生が終わる。おおかたの日本人は、そうやって生きてきた農民たちの子孫だ。「私は武士の子孫だ」「わが家は公家《くげ》の家系だ」などと言いたい人もいるだろうが、日本に働き者の農民がいなくとも生活に支障がなかったのは、漁師くらいではないだろうか。

そのため**日本人は、偶然手に入る獲物《えもの》をアテにしなくなったのだと思う。偶然が起こるということは、それがよいことであっても悪いことであっても、不測の事態と見なされる。日本人は予測不能の事態が起こることを忌《い》み嫌う。だから自分から積極的に変化を求めることが少ない。変化のない日々が永遠に続いてこその平穏無事《へいおんぶじ》である。**

現代の日本人ですら、会社や役所の一員として、昨日と変わらない今日を過ごすことに感謝する。その一方で、そうなることが当然だと思っている。キーワードは「無事」である。

それに対して一部のアメリカ人には、言われたような「狩猟民根性」が確かにある。私もそうかもしれない。大きな獲物を求めたわけではないが、生まれ故郷を飛びだして、日本という遠い土地でずっと生活している。

芸能界というのは最初から仕事を与えられているわけではないから、むしろ不測の事態がなければ生活の糧《かて》を得ることができない。どこかの誰かに「この仕事、やってくれる？」と言ってもらって、はじめてステーキが食べられる。キーワードは「有事」である。

昨年のアメリカ大統領選のときには、1日に何本も取材依頼を受けたり、テレビやラジオの番組にたくさん呼ばれた。とくにトランプのような「予測不能な人物」が登場すると、引っぱりだこだ。弁護士の仕事もそうだったのだが、私はいわば「有事専門家」である。不謹慎かもしれないが、私にとっていちばん困るのが「無事」なのである。

なぜアメリカ人は「チェンジ」という言葉に弱いのか

狩猟民は一攫千金《いっかくせんきん》の夢も見る。狩猟民が朝いちばんで森の中に入って、数頭の鹿が転がっているのを見つけたらどうだろう。山の恵みに感謝して小躍《こおど》りするのではないか。

ところが、フツウの日本人が同じように数頭の鹿の死骸《しがい》を見つけたらどうなるか。日常と違った光景が存在しているのだから、小躍りするどころか、気味が悪いと思うかもしれない。不測の事態に遭遇したフッウの日本人は、異常な状況をひとりでかかえられずに**「山の神のたたりだ」**となるだろう。それで、どうするか。村に戻って、村長に報告。みんなで対策を考える。結果として、**天の恵みは分配**される。それがベストな方法だと考える日本人は多いと思う。

一方、狩猟民根性の人物が複数の鹿の死骸を見つけたら、まずは隣人に見つからない方法を考えるはずだ。深夜にでもこっそり皮をはいで、できるだけ遠くの市場で売る。そして次の日からは近隣には何もなかったような顔をして、ひとりで朝早く森に入ることを日課とするだろう。信仰する宗教の教義にもよるが、多くのアメリカ人はそうするだろう。

アメリカ社会において必要不可欠なのは、**機会**（CHANCE）であり、**変化**（CHANGE）なのだ。これが日本人にはなかなかわかってもらえない。

2008年の大統領選でバラク・オバマ候補は「チェンジ」を連呼して大衆の心をつかんだ。何か具体的な閉塞感《へいそく》があるから「変わるべき」といっているのではなく、**「アメリカという社会は、つねに変わっていなければならない」**のである。変化がなくなればアメリカ社会は死んでしまう。これが平均的なアメリカ人が当たり前とする考え方だ。

そして非常に重要なこととして、変化はアメリカ社会の平等の概念と深くかかわっている。**「変化（CHANGE）」があるからこそ、誰に対しても「平等な機会（CHANCE）」が訪れるし、この逆もいえる**のだ。Aさんよりも一時間早くBさんが森に入っていたら、Bさんが獲物にありつけたかもしれない。ただ、いつになったら森に鹿が転がっているのかは誰にもわからない。Aさんより一時間遅く入ったCさんが見つける可能性だってある。

「CHANGE（チェンジ）」という言葉の中の「G」の文字には、「T」という文字が隠れている。この「T」のことを「TIMING（タイミング）」と「TROUBLE（トラブル）」だと考える。「G」から「T」をのぞくと「C」になる。つまりタイミングをつかんでトラブルを上手にとりのぞいた者が、「CHANCE（チャンス）」を実現させるのだ。

重要なのは、「誰でも好きなときに森の中に入れる」ということだ。均等な機会を保障することが平等なのである。**変化はこの「機会の均等化」を起こりやすくする**ために必要不可欠であり、それが保たれていることで**公平・公正**（フェア）な社会が生まれる。**変化**

があることで権益の固定化に歯止めがかかり、新しい人が利益にありつくチャンスが生まれる。

その一方で、Aさんが見つけた鹿の肉を村人全員で均等に分けることを、少なくともフツウのアメリカ人は平等と見なしていない。アメリカ人が求める平等は「機会の平等（均等な機会の保障）」であって「結果の平等（均等な果実の分配）」ではない。

アメリカ人が理解できない日本の「結果の平等」

私が講演やインタビューなどで日本の平等主義つまり「結果の平等」主義を批判するときに、よく例にあげるのが、学校の運動会で「かけっこの順位をつけなくなった」ということの愚かさである。

世の中にはいろんなタイプの人がいる。人には先天的なものから後天的なものまで、それぞれ特性がある。走るのが速い人、体力のある人、勉強のできる人、型にはまった学問は苦手だが型破りの発想ができる人、細かい作業が得意な人、人間関係をつくるのがうまい人……いろんな特性がある。それらの特性がうまく組み合わさって社会が構築され、この世の中は動いている。

つまり社会とは多様性のおかげでなりたっている。多様性というと、つい男女の別や人種の別、健常者と障碍《しょうがい》者の別など、すでにあるカテゴリーの中にはめて考えがちだが、**いちばん大きな多様性は、個人それぞれが持っている特性そのものである。**

人間社会がそういうところだから、学校では子供の個人的特性を見つけだし、それを伸ばす工夫をしなくてはならない。それがアメリカの平均的な教育方針だ。教育は、「Aさんと Bさんは違う人間です。Aさんには Aさんの考え方・やり方があって、Bさんには Bさんの考え方・やり方があります」という理屈をしっかりと尊重するところから始まる。そして、**お互いの特性を認めあう精神を持つ社会こそが、平等な社会**なのだ。

だから、「順位をつけず、みんな横並び」が平等だとはけっして考えない。これだと、**「あなたたちに個人の特性は不要です。みんな社会の歯車です」**といっているようなものではないか。大人たちが「Aさんはかけっこが得意だが、Bさんは勉強が得意、Cさんには他人を思いやる優しさがある」と、すべての子供の特性を見つけて認めてやらなくては、ほんとうに平等な教育は生まれない。

特性を見いだされなかった子供も、自力で素直に育ってくれれば問題はない。しかしなかには、社会に対する強い恨《うら》みをいだいたり、自分に自信を持てず、依存心をかかえた大人になる場合がある。彼らはものごとがうまくいかなかったとき、なんでも他人のせいにする。自力でなんとかしようとする前に、親や周囲の人の援助を頼る。それがムリなら社会からの援助を期待するようになる。こうして依存症をわずらった「ダメ人間」が誕生する。

依存症患者の集団がまねく絶望は、社会主義国家の末路を思いだせばよくわかる。全体の良心のもとで助け合い精神のある社会は究極の理想だが、それはあくまでも理想論だ。自立する能力があるのに社会に依存しようとする人間はかならず出てくる。

研究によると、働きアリですら一定の割合で怠《なま》け者がいるという。**どの社会にも怠け者は一定数生まれる。**さらに怠け者を利用した商売、いわゆる**「被害者ビジネス」**が生まれるのが現代社会のほんとうに困ったところだ。

日本の社会はまだ良心があるが、世界から見て特殊な環境と考えてほしい。**ずっと日本のような社会にいると、世界には悪意のある人、自分のことしか考えない人が数多く存在**

するという現実が見えなくなる。

いまヨーロッパに押しかけている移民の現状を直視してほしい。なかには「私がフツウに生活できないのは社会のせいだから、社会に面倒を見てもらわなければならない」と決めつけ、自分が努力することを放棄した人々もまぎれている。もっといえば、最初から面倒を見てもらうために移民を選択した人々が数多くいる。

日本型平等主義の限界

すべての人を均等に扱う社会は、平等な社会などではない。**自力で人生を切りひらき、努力を重ね、自分らしく生きている人たちにとっては、怠け者たちから一方的に依存される不平等きわまりない社会**だ。さらに悪いことに怠け者たちは、社会、つまり国や県、市といった巨大なものに依存することで、自分たちが他人の善意や寛容さに**「依存している」という感覚もマヒしていく**のだ。その結果、感謝の気持ちも失われていく。

大阪市を例にあげると、生活保護受給者は約14万4600人。大阪市の人口は約269万人だから、市民17人でひとりの受給者を背負っている。これはただ人口で割っただけだから、働いている人の数で割ればもっと大きな比率になる。ちなみに大阪市では1万人以上の外国籍の人が生活保護を受けている。

可処分所得にすれば10万円にも満たない月給で朝から晩まで働いている若い日本人がいる一方で、より多額の生活保護費と家賃補助を怠け者や外国人が受けとることを**「当然の権利」**だという社会。彼らは自分たちの「権利」の一部でも、若い薄給の労働者たちに回してやろうとは思わない。はたしてこれが平等な社会といえるだろうか。

また「不正受給の割合は全体の3パーセントなので、とるに足らない」という声もあったが、これは真っ赤なウソである。

日本の犯罪率は諸外国とくらべてかなり低い。たとえば詐欺犯罪の件数は人口10万人あたり約30件で、わずか0.03パーセントだ。同じ人が何件にもかかわっているから、犯罪者の人数はさらに低い。生活保護における3パーセントの不正受給率が、日本社会でどれほど高い数字かがわかるだろう。現行の生活保護制度は悪の温床《おんしょう》になっている。

ここではあえて「日本の悪しき平等主義」という表現はしないことにする。世界という大きな枠の中で見れば、平等に対する多様な考え方とやり方があっていい。しかし**この**

「結果の平等主義」は、努力しない人、努力できない人を甘やかしてしまう制度だと思う。努力しない人を厚遇する必要がないのはわかるはずだ。では、努力できない人が「ボクは働けないから、みんなよろしく」だけでほんとうにいいのか。

かつての日本の農村社会でも、農作業のような重労働をやれない人はいた。では、彼らはタダ飯を喰らいながら、他の農民が働いているあいだに酒を飲んでバクチをしていただろうか。それはさすがにないだろう。収穫物の仕分けをするとか、後片づけをするとか、彼らなりにやれることをやっていたはずだ。

なぜなら、自分を養ってくれている人の姿がはっきりと目に見えるからである。相手が見えていさえすれば、よほど性格のひねくれた人でなければ、養ってもらっていることを**「当然の権利」**だとは受けとめない。

骨のある生活保護課の担当者が「パチンコをやめないかぎり支給できない」と断ったところ、**左巻きの「市民団体」の猛攻撃を受けて撤回・謝罪**させられたことがあった。

生活保護課の担当者はひとりの市職員でしかない。一方の「市民団体」は、全国的なネットワークを持ち、政党や全国メディアの支持を受けている。東京都の職員ならまだしも、地方の小さな市町村の職員であれば、勝ち目のない戦いだ。**「人権感覚の欠けた不届《ふとど》きな田舎役人」というレッテル**を貼られたら、おとなしくするしかない。

現行の生活保護制度は、「日本国憲法」が保障する**「健康で文化的な最低限度の生活を営む権利」**の範疇《はんちゅう》にふくまれるものなのだろうか。そのことをもう一度整理して考えてみる必要がありそうだ。

助け合いの理想、相互扶助《そうごふじょ》の精神は、良心がある社会でのみ通用する。しかし助け合いを無機質な行政上のシステムにしてしまったら、誰がほんとうの助けを必要としているのか、それとも悪意ある詐欺者なのかの見分けがつきにくい。

援助をする側が、援助を受ける側の実態を知ることができない社会は不健全である。個人が個人を尊重し、個人が個人を援助する形が見えていれば、こうしたストレスはずっと感じにくくなる。援助の流れが目に見えれば、多くの日本人が、「少しばかり自分の身を削っても、困っている人のためになりたい」と思うのではないか。

均一的な援助はやめるべき

日本がほんとうに成熟した社会であれば、国や自治体ばかりアテにする必要もないはずだ。**「国はもっと貧困層の面倒を見ろ」**と叫ぶ「市民団体」は、貧困層の飲食や居住、子供の教育の面倒まで自分たちの力でなんとかしてやろうとは思わないのだろうか。ギャンブルや飲酒などを原因に行政から援助の打ち切りを通告された人がいたら、国の悪口を言う前に、自分たちが彼らの更生《こうせい》を手助けしてやればいいのにと思う。

ジョン・F・ケネディは大統領就任式で次のように演説した。

「国がアナタに何をしてくれるのかを問うのではなく、アナタが国のために何ができるのかを問いかけなければならない」

もっと民間レベルの援助が行なわれるようになれば、ギャンブルや飲酒におぼれた親が子供をネグレクトする例が見過ごされることも少なくなるだろう。それぞれの団体の意思で援助の基準ができるからだ。

「アナタには現物支給で食べものと寝る場所を与えましょう。医療費用は全額負担、職業訓練や技能習得の費用も出しますが、事後報告と実態調査には協力してもらいます。読みたい本があれば図書館で借りてください。ＮＨＫの受信料も払わなくてけっこうです。ただしそれ以外は一銭の援助もしません。**飲酒や喫煙、ギャンブルは日本国憲法が認める『健康で文化的な最低限度の生活』の範囲外ですから、それをやりたい人は自分で稼いでください。**スマホの課金ゲームも認めません。通信費は月２千円まで。その一方、アナタの子供には完全な教育を受けさせます」

そういうと「人権派」を称する人たちが「子供をネグレクトする親もまた犠牲者。その親もネグレクトだった可能性が高い。これは貧困の連鎖だ」と反論するだろう。それが事実なら、彼らには経済的援助ではなく治療が必要である。

各家庭の困難の度合いに応じた適切な援助が行なわれなければならない。**行政による「均一的な援助」には限界がある。**

他人を思いやる社会（気にする社会）

狭い国土だからケンカしない

日本はアメリカやロシア、中国などと比較すれば、小さな島国だ。にもかかわらず人口は昔から多かった。江戸時代中期の時点で、すでに約2500万人いたといわれている。山林が多いので居住可能な場所は少なく、**狭い国土に人がひしめきあっていた。**

この島国はヨーロッパから見れば文字どおりの「極東」——世界の東方のいちばん端っこにある。日本海を挟んだ西側にある大陸や半島で政治の混乱が起きたり、大きな飢饉《ききん》になったりすると、多くの人が日本に移ってきた。島国なので亡命者には絶好の避難所でもあった。

しかし**極東の島国だから、これより先へは行き場がない。**あとは太平洋が広がるばかり。イヤになっても逃げ場のない終着地でもあった。

狭い国土の秩序を守るためには、ケンカをしないのがいちばんである。日本全体を巻きこむ内戦が起こったら、狭い国土はたちまち荒廃してしまう。聖徳太子《しょうとくたいし》の「和をもって貴《とうと》しとなす」も、狭い国土で内輪もめをしないための工夫であり、知恵だった。「魏志倭《ぎしわ》人伝《じんでん》」に伝わる「倭の国」とは「和の国」のことだった。

さらに日本は、他国でいう国王とも、宗教的指導者とも少し違う存在を最高権威においた。これが現代にまで続く天皇のシステムだ。鎌倉時代、室町時代、江戸時代の将軍たちは、天皇から征夷大将軍《せいいたいしょうぐん》という地位を与えられることではじめて最高権力者の座を得られた。いくら軍事力が強くても、それだけでは勝手に最高権力者を名のることができなかった。もし名のったとしても、民衆がそれを認めることはなかった。

この天皇と将軍の二重支配構造によって、日本は内戦の発生を最小限に抑えられた。ときには天皇自身や上皇《じょうこう》が、権威だけでなく最高権力もふるおうとしたり、天皇の権威を内側にとりこんで最高権力をふるおうとする勢力が現われた時代には混乱も起きたが、それでもヨーロッパや中国などの苛烈《かれつ》な生存競争の歴史に比べると、ずっと穏《おだ》やかなものだった。

狭い国土は既存勢力によってほぼ完全に把握《はあく》されており、どこからか正体不明の勢力が現われて権力奪取をする心配もなかった。幕末に外国船がやってくるまで、外からの大きな攻撃は鎌倉時代末期に起きた2回の元寇《げんこう》しかなかった。そのため日本では**外国の敵意というものを身近に感じにくく、海外への警戒心も生まれにくい。**

これに対し、同じ島国ということで日本とよく比較されるイギリスは、海外への警戒心がたいへん強い。ブリテン島と大陸とのあいだにはドーバー海峡があるのだが、日本列島と朝鮮半島ほどの距離はないから、その気になれば渡ることができた。海流が速いとはいっても、体力のある人なら泳げる距離である。大陸にある国にくらべればずっとマシだったが、それでも海外からの侵入をたびたび受けた。

まず北欧のバイキングが入ってきて、次にローマ帝国に支配され、ゲルマン系のアングロサクソンに支配され、デンマーク人やフランス人に支配されたこともあった。古くからのブリテン島の住人はスミに追いやられ、ウェールズ人になった。のちには撃退したが、スペインの無敵艦隊も攻めてきた。

だからイギリスの場合、ヨーロッパ大陸の状況をずっと観察しておかなければならい。**「大陸のやつらはいつ敵になってもおかしくない」**という目で見てきたのだ。長い歴史によって先祖代々培《つちか》われてきた警戒心がある。ここが日本とは大きく違う。

江戸時代の長い鎖国に加えて、**参勤交代《さんきんこうたい》によって江戸の文化が全国に運ばれたおかげで国民が均質化**すると、いよいよ世界に誇るべき日本社会の調和が形づくられていく。公共心、社会性、世間体が発達する一方で、個人の自由は制限された。これは中央権力から強い圧制を受けていたというより、**地域社会の中でそれぞれが自重《じちょう》する**ことによって生じている。

だからハメをはずそうと思えば、はずすこともできた。江戸や京都などの大都市では自由な都市文化が花開く。ふだんはマジメなのに、酒の席では思いきりハメをはずしたりするが、そんな日本人的な二面性も歴史の中から生まれたのかもしれない。

上流社会や金持ちを攻撃しない日本人

韓国のデモなどを見ていると、持たざる者が金持ちに対していだく嫉妬と怨《うら》みの感情がすさまじい。韓国人がいちばん憎んでいるのは、日本でもアメリカでも、北朝鮮の独裁政権でもない。国内にいる特権階級なのだろう。それが「恨《ハン》」の思想である。反日・反米は、その本音を包み隠す表面の薄皮《うすかわ》にすぎないことが、彼らを見ていてよくわかる。

特権階級とそれに支えられた政権は、なんとか反日・反米へと一般庶民のエネルギーを向けさせて延命をはかろうとするが、任期の最後のほうでシッポをつかまれ、直接攻撃を受けはじめる。するとこれまで政権におもねっていたメディアや検察がいっせいに国民の側につき、政権は転覆《てんぷく》。そのもとで利益をむさぼっていた企業家や行政担当者たちも逮捕される。そのくりかえしが戦後の韓国の歴史である。

「よく次の大統領のなり手が出てくるものだ」と、毎度のことながら感心している。次期大統領もまたひどい目にあうのが確実なのだから。私なら「韓国大統領を引き受けなければ殴るぞ」と言われたら、「じゃあ、殴ってください」と答えるだろう。

それに対して、日本社会の穏やかなこと。基本的に、**日本人には特権階級に対する嫉妬と怨みの感情が少ない**。これは日本人の非常に特殊なところかもしれない。「金持ち、ケンカせず」ということわざがあるが、一般庶民もケンカしない。

日本人はなぜ特権階級を攻撃しないのか。

その大きな理由に、**特権階級が高い節度《せつど》を守っている**点があげられるだろう。財力をひけらかす金持ちは軽蔑《けいべつ》される。だから日本では、近所を散歩しているフツウの人がとんでもない金持ちだったりするし、新しく財産を得た人も同様の節度を保とうと努力する。**社会に対する節度を守れない金持ちは「成金《なりきん》」と呼ばれて社会から軽蔑される。**いったん「成金」に認定されてしまうと、その財力は「汚い金」と受けとめられ、きれいな商売がしにくくなる。日本は財力さえあれば、すべての人がペコペコして近寄ってくる社会ではない。かつて「お金をもうけることが、そんなに悪いことですか」の捨てゼリフを残してシンガポールに移住した「成金」がいたが、そうではない。日本でお金をもうけることが悪いのではなく、それをひけらかすことが悪いのだ。

だから特権階級ほどつつましい。名家の出身の人は、不必要な権威をふるうことが家名を汚すことになると考えている。その頂点にあるのが天皇・皇后《こうごう》両陛下で、国民のお手本をつとめられている。**日本社会の節度はまず皇室が率先し、これが末端にも下りてくる形でつくりだされている**ように思える。西洋社会では風化したノブレス・オブリージュ（高貴な人が負うべき義務）が生きている。

結果としてケンカのない社会が実現する。これが日本社会の賢い選択だった。

西洋ではこうはならない。アメリカ人が指導者の高貴さを最重視していたら、トランプ大統領は誕生していない。現代の王室や名家出身でもあまり上品とはいえない人がいるし、ヨーロッパに君臨した王たちは、かならずしも国民のお手本とは見られていない。フランス革命時に処刑されたマリー・アントワネットはオーストリア人。いまのイギリス王室の先祖をさかのぼればドイツ人。しょせんは外国からやってきた権力者の子孫ということもできる。

ヨーロッパ、とくにイギリスにおいて、王族や貴族はゴシップのいちばんのエジキとなっている。日本でも「雅子妃《まさこひ》が公務をなさらない」といった、まるで臣下の苦言のような批判記事は見かけるが、イギリス日刊紙の中傷記事にある過激さとはくらべようもない。

他人が捨てたゴミを拾う

埼玉県にすごい女子高生がいて地元警察の表彰を受けた。

彼女は、通学途中の車道に大量の新聞紙やチラシが散乱しているのに気づいた。古紙の運搬車が落としていったのだろう。一度は見なかったことにして通り過ぎたが、**良心が許さず、ひとり現場に戻るとゴミを拾いはじめた。**交通量が多いので、青信号になるのを待って拾い集めていった。古紙はかかえて持ち帰れないほどの量になったので、５００メートル離れたところにあるコンビニエンス・ストアでゴミ袋をわざわざ買ってきて詰めた。

その様子を見た通行人が警察署に連絡し、警察官が駆けつけてみると、ゴミ袋は3袋ぶん、計10キロになっていたそうだ。なぜゴミを拾おうと思ったのかとの質問に対し、彼女は答えた。

「学校でもやっていたので、当たり前と思って拾いました」

感謝状を贈られた女子高生は、さらに**「まわりのことをもっと見ることのできる1年にしたい」**と抱負を語った。

日本びいきの外国人たちがこの件を聞けば、いつものように「これこそ日本の社会の良心だ。他の国にはけっしてマネできない」と絶賛の嵐だろう。たしかに彼女のしたことはすごい。私にはとてもできないことだ。しかし同時に、彼女の言葉から日本人の公共心のなりたちがようやく理解できた。

ゴミ拾いの大きな動機ともなった「学校でもやっていたので」は、彼女の**良心が社会によって形成された**ことを意味している。人は生まれながらに良心を持っているわけではない。生まれた直後はほとんど「猿」と変わらないのを、環境や教育が「人間」に育てていく。

この良心が育つ環境と教育が極度に整備されているのが日本の社会だ。良心を基礎とした日本社会は、成熟した村社会ともいえる。この社会の本質は「まわりのことをもっと見る」という彼女の言葉にも表われている。

これもよくいえば**他人を思いやる社会**であるが、その一方で**他人の目を気にする社会**でもある。ゴミを拾った彼女はそうではないと思うが、日本人の潜在意識には「まわりから悪く思われたくない」という願望がふくまれている。

すると日本人が**国際社会を過剰に意識するのも、世界の人たちから「日本はいい国、日本人はいい国民」と思われたいという願望があるから**だろう。日本人は国際社会に「**大き**

な村社会」の幻想を見ているのかもしれない。だから「**みんなで話せばわかりあえるはずだ**」と誤解している。この幻想は、いまこの瞬間に捨てたほうがいい。

日本の社会から良心が失われるとき

日本人だけの社会なら、お互いを思いやる美徳が永遠に続くかもしれない。**成熟した村社会の一員が自動的に再生産されていく**からだ。大きな問題は、この「**村社会のオキテ」を知らない外国人**が多数流入することで引きおこされる。

周辺諸国を見ても、いつ朝鮮半島有事が勃発《ぼっぱつ》するかしれないし、北京《ペきん》の共産党政府が、香港の先進的住民や都市富裕層・インテリ層への迫害を始めるかもしれない。あるいは台湾を軍事攻撃するかもしれない。すると、かなりの確率で大量の難民が日本になだれこんでくる。辺境の島嶼《とうしょ》領土に勝手に住みつくかもしれない。

日本政府は次々と押しよせてくる難民をどう分類して処理するのか。親族に日本在住者がいる人を優先するのか。いったん東アジア有事となれば、それにかこつけて日本への亡命を求めてくる中国人や韓国人が数多く出るだろう。

政治的難民とそうでない人をふりわける余裕などない。本国に強制送還するといっても、どうやって返すのか。彼らに帰るところはない。積極的に受け入れをしない場合、国連などから寄せられる非難にどう対処するのか。事前に予測しておかなくてはならない問題がいくらでもある。

かりに危急《ききゅう》の事態が起こらなくても、この先、日本が大量の移民を受けいれたとき、いま以上にアジアやアフリカの貧しい国々とつきあうようになったとき、**日本社会の「平等主義」は大きな障害**となるだろう。

２０１７年4月にフランス大統領選挙が行なわれる。**選挙最大の争点は移民問題**だ。フランスはたび重なるテロによって、大きな収入源である観光客を失いつつある。フランス人の多くが、閉鎖的で反社会的な移民社会こそがテロ組織の温床と考え、移民の急増によって社会秩序が崩壊することを恐れている。いや、すでに相当壊されてしまったと憤《いきどお》っている。

ロンドンのパディントン駅で起きた鉄道事故の理由が衝撃的である。事故を起こした運転士はイスラム教徒だった。ちょうど断食の期間だったので、運転士は日中には水も口にしていなかった。そのため注意力が散漫になっており、二つの信号を無視したのちに急ブレーキをかけたが、間に合わずに脱線を起こしたという。

異質な価値観を持つ人を受けいれることの難しさがここにある。イスラム教徒が非イスラム教国に移民したときも、彼らはイスラムの約束ごとをけっして捨てない。**彼らの側が捨てないことを前提に、受けいれる側がそれに合わせなくてはならない。**鉄道会社が安全を第一に考えるなら、イスラム教徒の運転士には断食中の休みを認めるしかなくなる。

日本がシリア難民を受けいれないからといって、国連の批判を受けてきた。シリア難民の問題はいうまでもなく中東地域に責任がある。あるいは歴史的にかかわったイギリス、フランス、ドイツ、アメリカ、ロシアなど欧米の大国の責任であって、日本はまったく関係ない。それでも**臆面《おくめん》なく日本を批判してくるのが国際社会の本性**なのだ。

ところがヨーロッパの大国は移民問題がくすぶってくると、自分たちもかかわりたくないと言いはじめた。フランス大統領選挙の右派候補者たちの主張はこの期《ご》におよんで、**「移民問題について正しかったのは日本だ。われわれも日本にならえ」**と主張する。

悪用される日本の良心

　難民・移民の大量流入は、日本社会の良心、その成熟した村社会を根底からくつがえすだろう。ヨーロッパで起きたことを見ればわかる。彼らは**日本社会を維持するのに必要不可欠な「他人の目」など意識しない**。「とりあえず食べものと寝るところを与えてくれるのか？」と考えている。人間であれば誰にも生存権はある。困っている人は誰でも助けてあげたいという気持ちもわかる。

　しかし腹が満たされれば、今度は「当座の生活費を与えてくれるのか」「仕事を与えてくれるのか」「子供に教育を受けさせてくれるのか」「いずれ日本国籍を与えてくれるのか」と要求はエスカレートしていくだろう。文字どおり「くれくれ星人」である。**最初はあったかもしれない感謝の気持ちも、そのうち権利の主張に変わってしまう**のである。「なぜ日本人と同じように扱ってくれないのか。**同じ人間**なのに」と言いだす。じつは日本は終戦直後から、この問題に悩まされつづけている。

　何年かたって、彼らが日本の社会に溶けこんでくれるのであれば、まだ納得がいく。しかし彼らは**「村社会の住人」となる訓練を受けていない**し、日本の文化や慣習も理解しないだろう。日本国や日本人の歴史、天皇家に対する敬意がないばかりか、「大日本帝国の悪行」を教育されてきた人たちもいるのだ。彼らの「権利」を左巻きの団体やメディアが支援しはじめたら、どんな混乱が起こるかと思うと、ゾッとする。

そのとき、**日本社会がかたくなに守ってきた「平等主義」の理想が、かえって日本人の良心を苦しめ、首を締めることになる。**だから、いまのうちに忠告しておきたい。**社会の理想を追う前に、きちんと法整備をし、法治国家として成熟したほうがよい。**あらゆる福祉制度は、悪用されることを前提にして、厳密な適用基準と罰則を設けるべきなのだ。そうしなければ、いずれ日本のよき社会秩序も崩壊するだろう。

ひとつ具体例をあげよう。国民健康保険に加入する日本人は、1割～3割の費用負担で医療を受けられる。外国人はどうかといえば、民間の保険に入っていなければ、満額の医療費を支払わなくてはならない。「それが常識」と日本人の誰もが考えているだろう。

ちなみに、アメリカを旅行中の日本人が現地で病院にかかった場合、驚くほど高額な医療費を請求される。日本なら10万円ほどで済む急性盲腸炎《もうちょうえん》の手術でも、おそらく150万円はかかる。アメリカの医療費は異常に高い。かわいそうだが、旅行保険すら準備しないで、自己責任の国であるアメリカに来るほうが悪い。ふたたびアメリカに入国したいのであれば、だまって支払うしかない。たいていのアメリカ人は民間の医療保険に入っているが、それでも多くの人が高額の医療費を支払えず自己破産しているのが現状だ。

ところが日本には、不思議な制度がある。

この話をはじめて記事で読んだときはたいへん驚いたのだが、**外国人であっても、就労ビザや留学ビザなどを取得して3カ月以上滞在する人であれば、例外的に国民健康保険に加入できる**のだ。加入できるというより、加入しなければならない。医療機関の「とりっぱぐれ」を防ぐためだが、するとどういうことが起こるかというと、**「ズル賢い外国人」が不正に在留資格を取得して、最初から医療目的で日本にやってくる。**

「ズル賢い外国人」の多くは中国人だ。彼らはこういうところの利にさとい。法の抜け穴を見事についてくる。逆の意味で日本人が見習わなくてはならない点だろう。もちろん、同じことをやり返せという意味ではない。ちゃんと防御しろということだ。

まず彼らは保険料を支払うが、これは前年の給与から算出されるものなので、日本国内での給与実績のない外国人の保険料は格段に安い。その格安の保険料を支払うと、目的の医療を3割負担で受けられる。わざわざ日本まで飛行機代や手数料を支払って来るくらいだから、カゼを引いたとか、手をケガしたとか、そういうレベルの治療ではない。日本が誇る先進治療、つまり数百万円、数千万円レベルの高額治療を受けるのだ。

そして彼らを日本に連れてくるのに、向こうの仲介業者や日本の行政書士、身元引受人となる日本人など、多くの人がかかわってピンハネしている。医療機関も不正に気づいたところで、「とりっぱぐれ」のない高額治療でもうかるからと、喜んで迎える。これがりっぱな**裏ビジネス**として成立している。

取材を受けた中国人は恐縮して「日本はすばらしい国だ」とお世辞を並べていたが、そりゃそうだろう、本来なら権利のない人が、高額治療を格安で受けられたのだから。これは悪用可能な制度をつくった無能な担当者の責任を問うべき問題だ。中国の富裕層は、平均的な日本人よりずっと金持ちである。

この話をある日本人にすると、「いいことじゃないですか。日本社会のすばらしさを中国人も思い知ったでしょうから」と言われてまた驚いた。その**金持ち中国人が支払わなかった残り7割**（**金持ち中国人が年寄りであれば9割**）**の医療費を、誰が負担しているのか**、彼はわかっているのだろうか。日本という国のマヌケな制度が、ズル賢い中国人にバカにされ悪用されている現実に、気づかないのだろうか。鈍感にもほどがある。

ルールよりマナー？

日本人の他人を思いやる文化は、他人の目を気にする文化でもある。だから**日常生活では集団の調和から突出しない気づかいが求められる。**いわゆる「空気を読む」というやつだ。調和から突出する人は「集団のオキテ」によって押さえつけられる。

このオキテは、簡単にいえばマナーだ。マナーだから不文律《ふぶんりつ》であり、明文《めいぶん》化されない。つまり文章として明示されない。これに対して法律とは明文化されたルールであり、違反した人に対する罰則がセットで規定される。

日本では、一般民衆を対象とした恒久《こうきゅう》的な明文法は、明治22年の大日本帝国憲法までなかった。それまでにつくられた法律はすべて貴族や武士、大名といった一部の支配者階級向け。**明文化されないから、じつのところ「何が正しくて、何が間違っているか」は、誰かに指摘されるまでわからない。**

すると、日本人というのはおもしろいもので、それぞれが**自分の頭で「集団のオキテはどうあるべきか」を推測して、「自分が不快に思うようなことは相手も不快に思うはずだ」「集団の論理に反することはやめておこう」と自主的な気づかいをするようになる**。すべての個人が集団の調和を求める方向で動きだし、しかもその行先がほぼ一致する。

これがアメリカ社会ならどうだろう。雑多な民族、雑多な価値観で構成されているので、最初から共通認識や集団の論理を国民に期待できない。**「アナタがやっていることは法律違反です。それ以上続けると、法律により罰せられます」とはっきり言わないと、自分の間違いに気がつかないし、改めることもできない**。

問題が起こるたびに、あるいは問題が起こるのを想定して、そのたびに法律をつくってきたから、アメリカにはいまはほとんど無意味なような州の法律がいくつもある。西部開拓時代のなごりのような州法が現存している。こういった典型的な**法治社会**では、かならず**法の抜け穴**をつく人が現われる。すると政府はその抜け穴を埋めるための法整備をする。まさにイタチごっこである。

これに対する日本は、**徳治《とくち》社会**でずっとやってきた。**徳のあるリーダーが社会の規範を**

決めて、周囲の人はそれに追従する。「アナタ、いいこと言いますね」となったら、みんながそれにならう。**ルールを決めなくても、マナーがあれば日本社会の秩序は守られた。**少なくともこれまではそうだった。

ちなみに、中国や韓国は**人治《じんち》社会**と呼ばれている。金のある人や実力がある人、声が大きい人、しつこい人の意見が通る。彼らは法や制度の抜け穴を熟知しており、お金の力や社会的地位を利用して、その部分を強行突破する。

オトナげない人

日本は厳格な法（ルールと罰則）の支配が必要のない社会ともいえる。ほとんどの日本人は、**罰せられないために個人のエゴを抑制しているわけではない。**「集団のオキテ」という高いマナー意識によって規律が保たれている。

私が驚いたのは、日本人が**民間企業の決めごとにも素直に従う**ことだった。

たとえば鉄道会社が独自に設けた**女性専用車両**である。おそらく最初は、痴漢防止の目的でつくられたのだと思う。痴漢の被害に悩んでいる女性のことを思えば、こういったものを設けることじたいを否定するつもりはない。

何を隠そう私は一度まちがって、女性車両に乗ったことがある。すぐに変な目で見られていることに気がついて、あわてて次の駅で車両を乗りかえた。ルールに気づかず不快な思いをまわりの人にさせたことが恥ずかしかった。週刊文春にスクープされなくてよかった。

これが欧米なら、かならず**「逆差別ではないか」**という議論が起こるだろう。この問題に命をかける人たちが現われて、「新たに男性専用車両をつくるか、女性専用車両を廃止するまで引き下がらない」と熱く主張する集団が出てくるはずだ。

駅員などから降りるように注意されると、「そもそも痴漢防止のためにできたのだから、痴漢しなければ乗車しても問題はないだろう。常識で考えてみろ。こんなオンナばかりの車両にオトコひとりで乗ってくるやつが痴漢なんてすると思うか」などと、いろいろ理屈を持ちだして抵抗する。

日本でこの車両に乗っていた若い男性が、年配の女性から激しく注意されてタジタジになったという話を聞くと、理屈で負けたくない私なんかは、「アナタはこの車両がどういう目的でつくられたかご存じですか。まさかアナタに言われるとは思いませんでしたよ」と言いたくなる（もちろん口には出さないが）。

鉄道会社ならどこでも乗客規約があると思うが、「男性は女性専用車両への乗車を禁じます。乗車した男性は利用をお断りします」とまでは、さすがに書いていないと思う（もし書いてあったら、それはそれで奇妙だ）。「乗務員や駅係員の指示に従わない方の利用をお断りすることがあります」とは書いてあるから、激しく抗議する人が出てくれば対応できる。ようするに、**そのていどの決めごと**である。

ところが**日本人は理屈を言わない**。ひとこと意見を述べる人はいても、マジメに主張している人はまずいない。ムキになっていると、「**こんなことにムキになってどうするんですか。オトナなんだから決まったことには従いなさいよ**」と、いさめられて戦意喪失する。

オトナげない人とは、「村社会のオキテに従わない人」という意味だ。日本人はこのレッテルを貼られることを嫌い、集団の中では多数派の論理に無批判的に従ってきた。個人の権利や反社会性を訴え、行動に移す人はオトナげない人である。

割りこまずに並んで順番を待つ。エスカレーターは東京では右側、大阪では左側をあけておく。公共の場では騒がない。飲食店で席についたまま電話をしない。エレベーターを降りるときは譲りあう……。日本社会の秩序のすばらしさを感じさせる一方、反発したいと思う人が出てこないのがフシギでならない。**意図的にマナー破りをする人が出てきたら、日本社会はどう対応するのか**。良心の存在、つまり性善説を前提に組みたてられた日本社会は、悪意ある人に対応する準備ができていない。

マナー意識の暴走

これも鉄道がらみの話だが、駅には利用マナーのポスターがいたるところに貼られている。どうも日本人は**鉄道の秩序化に並々ならぬ情熱**を持っているようだ。

私が駅で見たポスターは、同じシリーズで2種類貼られていた。1枚には「**歩きスマホはやめよう**」とある。これはわかる。実際に歩きスマホでホームから落ちて亡くなった人がいるし、衝突して相手に大ケガを負わせる事故も多い。もう1枚は「**車内で化粧するのはやめよう**」だった。

正直驚いた。「歩きスマホがなぜいけないか」の理由と「車内の化粧がなぜいけないか」の理由は質や重要度が大きく違う。これでは**「生命にかかわる危険行為」と「ただみっともないだけの行為」が、同等であるかのように見えてしまう。**それともこの鉄道会社は、**「理屈はともかく、みんなのマナーを守ることじたいを尊重しなさい」**と言いたいのだろうか。

子供がこのポスターを見たら、かえって歩きスマホをやってもいいのだと、逆にカン違いしないだろうかと心配になる。「だって、みっともないと思われるだけなんでしょ。ボクみっともなくてもいいもん」という屁《へ》理屈である。

もちろんアメリカ人にもマナーはある。日本人はくしゃみをするとき手のひらで押さえるが、アメリカ社会では子供のころから腕やヒジでかかえこむようにしてするよう注意される。握手文化の国なので、手で押さえてくしゃみをすると、その手を使えない。握手した相手に直接ウイルスを移すことにもなる。公共交通などでつり輪や手すりを介してもウイルスは拡散する。見た目が不潔だからというだけではない。

法律で罰せられることはなくても、アメリカ人であればみな、このマナーを実践している。**他人を思いやる文化ともいえるし、理屈の通ったマナー**ではないかと思う。

では、ドアを開けたとき、後ろに続く人がいたらどうするか。たいていの**アメリカ人はドアを手で押さえて開けておき、その人が来るのを待つ。**たしかに閉まりかけのドアにむりやり体を入れることで事故が起きる危険がないわけではない。

このマナーはレディ・ファーストの思想から生まれた。「強い男性は弱い女性のためにドアを開けておくべき」という紳士のマナーで、車道の側に女性を立たせないというのと同じことだ。ちゃんとした理屈から生まれたわけではない。時代錯誤の部分もあった。それが年寄りや小さな子供のような弱者が通るときにもドアを開けておくマナーに変わると、理屈が通ってくる。

開けてもらった側は、**軽い会釈**をしなくてはならないだろう。せっかく開けておいたのに当たり前のようにして流されると、カチンとくる。こうなるとマナーは面倒だ。**善意の押しつけあい**のようになる。

さらに最近のことだが、アメリカで女性に対しドアを開けなかったということでトラブルになり、その同伴者から射殺されるという事件も起きた。逆に、極端なフェミニストの女性は、「男性にドアを開けてもらわなくても結構です」などと、怒りの表情を見せることがある。あれはかなり頭に来る。いったいなんのためのマナーかを考えさせられる。

高級住宅地では屋外に洗濯物を干すことを禁じているところが多い。最初から乾燥機が備えつけになっている高級マンションもある。これは、町の美観をそこねるという理由もあるが、その裏には、「洗濯物を外に干すのは貧乏人がやること」という偏見があるためだ。「自分たちは違う」と言いたいだけ。こういったくだらない特権意識は日本にもアメリカにもある。

マナーとは上流階級が見栄をはるために生みだしたもの、あるいは「それを守れない人は出ていってください」という排他的な社会の決めごとだったようだ。そもそも一般庶民にはどうでもいい話だったが、それが日本社会では一般的なものとなった。

日本人は**「家は貧しくても、外に出たらキチンとふるまいなさい」**と言われて育つ。ほかの国では「自分は貧乏なのに、なんで社会のことまで考える必要があるか」となるが、日本ではならない。それが「日本人は民度が高い」といわれるゆえんである。

日本人が誤解する市民社会

徹底的なゴミ分別

「とにかく几帳面《きちょうめん》な人たち」――海外からの日本人に対する代表的な評価だ。これには私も異論がない。

さらに日本がすごいところは、老若男女、都市の住民も田舎の住民も、高級住宅地の住民から下町の住民にいたるまで、**すべての日本人が几帳面**だということだろう。もはや国**民性ともいうべき几帳面さによって、製品やサービスのていねいさ、仕事のプロセスの細かさ、国土の清潔さが、日本じゅうどこに行っても保証される。**これがメイド・イン・ジャパンの信頼を生みだす最大の要因となってきた。

だから「私はいいかげんですよ」「こう見えて、じつは適当ですよ」と謙遜する日本人でさえ、私の国際的尺度から見れば、十分に几帳面の部類に入る。

女子高生のゴミ拾いの例を持ちだすまでもなく、日本人は他人の迷惑、社会の迷惑になることをなによりも嫌う。その結果、国土の大部分は清潔だ。繁華街ではひどいところもまだあるが、住宅街でのゴミ出しのマナーは徹底している。

ただし、**私がはじめて来たころの日本ではゴミの分別などしていなかった。**サンタが持ち歩くような大きな不透明の袋の中に、生ゴミやら箱やらビンやらが放りこまれて道ばたに放りだされていた。さらに駅前は自転車が重なるように放置され、電車やバスの車内にタバコの吸いがらを捨てたり、タンを吐いたりするおじさんもいた。通勤ラッシュ時の駅では、サラリーマン同士のケンカをたびたび見かけた。

こういう人たちが20年ほどのあいだに見られなくなった。明らかなルールが設けられたこともあったが、周囲の様子を観察し、社会の求めに応じるという日本人の性質によって、国土の美化は一気に進んだ。異論をとなえる人もいなかった。

やがて、ヨーロッパの一部の町にある「成熟した市民社会」とやらにならって、日本でもゴミの分別をやろうということになった。不燃ゴミをむりやり燃やすことで起こるダイオキシンなどの大気汚染の問題もあった。

日本の「失われた20年」では、経済成長の鈍化やデフレが強調されてきたが、悪いことばかりでもない。この期間に一般的な日本人は、**バリバリ会社で働くことよりも「いかにして個人が社会の中で豊かな生活を送るか」を考えるようになった**。わが町の美観整備、地元でのネットワークづくり、町おこしなどに力をそそいだ。終戦以来、脇目もふらずに走りつづけてきた経済の効率化はいったん横において、理想の市民社会を追ってみたのが、「失われた20年」のもうひとつの側面だったともいえる。

すると、日本人らしく**「ゴミ分別の道」を極める自治体**が続々と登場した。徳島県のある町では40種類以上の分別を求め、「資源分別ガイドブック」という冊子で啓蒙《けいもう》した結果、8割以上のゴミをリサイクルし、利益も出ているそうだ。日本人だけでなく、多くの人が「これこそ究極の理想」と考える社会である。もっとも自分自身が、このゴミ分別を実行する立場にならなければの話だが。

それでは、ルールに従わない人がいたら、市民社会はどう対応すればいいのか。欧米人が考える答えは「罰する」である。**罰則のない社会は市民社会ではない**。しかし現在、ルール違反者に対する罰金などの罰則を設けている自治体は横浜市と千葉市だけだと聞く。

日本ではまだまだ多くの自治体がルール違反をスルーしている。

それに代わって、**地区レベルで監視**が行なわれていることがある。間違った日にゴミを捨てた隣人、時間外にゴミを捨てた隣人などを特定して注意するのだが、なかにはゴミ袋の中身を確認して、捨てた人に突き返すという強者もいるそうだ。この場合、厳密にはルール違反でゴミを捨てた側ではなく、ゴミ袋を勝手に開いた側が違法となってしまう。ゴミ捨て場に捨てられたゴミについて、監視者には所有権も占有権もないからだ。

不法な監視行為がまかり通るのも日本が村社会だからだろう。監視された側も訴えない。社会のルールを破ったことで、社会から排除されることを恐れるからだ。

ほんとうの市民であれば、進んで国を守る戦争に参加する

日本人は、**徹底したゴミの分別を市民社会のシンボルのように誤解**しているのではないだろうか。しかし、欧米の市民社会は日本人が考えるようなものではない。それ以前に**「市民」に対する認識が根本から違う。**

そもそも「市民」とは「非市民」に対する概念であって、**古代ローマでは「奴隷身分や**

異民族ではない」という意味だった。

「ローマ市民」になると、完全な自由を手にすることができ、所有権や参政権を与えられた。その権利を享受《きょうじゅ》する代償として「ローマ市民社会」に対する忠誠心を求められる。具体的には納税、兵役、教育だが、それも義務というより、「ローマ市民だけに与えられる権利」として受けとめられた。

つまり**「市民」でないと、兵士として戦争に参加することができない**。奴隷身分や異民族には、**国や都市を守るために戦う権利**が与えられていないのだ。この考えは20世紀の日本でも採用された。日韓併合は１９１０年から始まったが、日本国籍を与えられた一般朝鮮人（朝鮮系日本人）が、日本軍の兵士に志願できるようになったのは、陸軍が１９３８年、海軍は43年である。朝鮮人の徴兵は44年になってはじめて行なわれた。

アメリカでは昔もいまも、軍人は子供の憧れの的《まと》であり、市民の尊敬の対象である。日本をのぞくすべてのフツウの国がそうだと言っても過言ではない。退役軍人の地位は非常に高く、尊重され優遇される。現在のアメリカでは外国籍の人間でも永住権（グリーンカード）を持っていれば兵役に志願できる。そして兵役を経験すれば、国籍（市民権）が得やすくなる。

「進歩的な市民は戦争に参加しない」と信じて疑わない日本の**自称「市民派」**たちが聞いたら、腰を抜かすんじゃないのか。じつは「市民とは何か」を理解していない彼らは「ほんとうの市民」ではない。日本には彼らを表現する最高に痛快な言葉がある。

「プロ市民」――都合よく「市民」をよそおって、自分たちのイデオロギーを宣伝し、ときにはその運動を自分の生活の基盤としている人たち。市民運動のプロフェッショナル。

第二次世界大戦中のアメリカには、陸軍第４４２連隊や第１００歩兵大隊という**日系アメリカ人二世だけの部隊**があった。彼らはヨーロッパ戦線に従軍し、**数多くの戦史に残る軍功をあげた**ことで知られている。全軍でもっとも多くの被害を出し、もっとも多くの勲章を授与され、連邦議会で表彰された唯一の部隊がこの「日系人部隊」だった。

その親世代（一世）は日本からの移民だが、**アメリカで生まれた子世代（二世）は出生時から「アメリカ人」なので、国を守るために戦う権利が与えられていた。**

その後のアメリカで問題となったのは、この勇敢な「アメリカ人」をなぜ一般の部隊に受けいれられなかったのかということだった。当時はイタリア系もアフリカ系（黒人）も、それぞれ独自の部隊を形成しており、それが当たり前のように行なわれていた。しかし、公民権運動が起こって市民感覚が成熟してくると、日系人部隊や黒人部隊を分けて存在させることは差別的だと考えられるようになった。

誤解がないように強調すると、**「日系人を戦争に参加させた」ことが差別的なのではなく、「同じアメリカ国民として正しく戦争に参加させなかった」ことが差別的**だった。日本では原爆投下を決断した人物として嫌われているトルーマン大統領は、日系人部隊の輝かしい戦績について、戦後の顕彰《けんしょう》式で「君たちは敵と戦っただけでなく偏見とも戦った――そして君たちは勝ったのだ」と称えた。

汚いパリを清掃してもよい？

パリといえば西洋文化の象徴のような華やかな街である。しかし、実際に行った人ならわかると思うが、パリでは犬のフンを飼い主が拾わない。パリにはじめて来た日本人はこの光景にショックを受ける。パリ・シンドロームの第一段階である。

犬のフンを道ばたに放置する彼らは、生粋の「パリ市民」なのだ。つまり**「パリ市民社会」は「公共の場で犬の飼い主にフンを処理するマナー」を求めていない**。だから**「パリ市民」は、掃除する必要がない**。飼い主の代わりに市の清掃車が見つけしだい回収してくれる。

そんなパリで、公共の場にまき散らかされたゴミを拾う活動をしている日本のNPO法人がある。この活動に同調して参加する「パリ市民」も増えているらしいが、彼らの常識からすれば、「日本人とはなんと奇特《きとく》なんだ!」と考えているだろう。

日本以外の国では、**「犬のフンの掃除を仕事にする人が失業するじゃないか!」という主張**がかならず出てくる。ブラジルで開催されたサッカー・ワールドカップのとき、日本代表の負け試合が終わった直後なのに観客席のゴミを拾う日本人を見た海外の反応も、「すばらしい!　これこそ日本人だ!」という大絶賛の嵐の中で、「スタジアムがキレイになってしまったら、清掃係は何をすればいいのか」という意見もあった。

このように、公共に対する考え方は大きく異なる。日本人が「市民社会的だ」と思ってやっていることは、他国では「特別に親切な人の善意」「清潔な人のすごいこだわり」と考えられたり、ときには「迷惑」として受けとめられる場合もある。

この話を知り合いの日本人にしたところ、彼は平然と答えた。

「自分たちが持ちこんだゴミを拾うまでは客の仕事でいいんじゃないですか。清掃係は余った時間で座席や手すりを磨《みが》くなりすれば、べつに失業なんかしないし、スタジアムはもっとキレイになりますよね」

この展開は想像しなかった。**欧米型の古くさい市民社会の概念より、日本独自の社会意識のほうがフレキシブルで前向き**なのは確かなようだ。これもまた「ジャパン・スタンダード」なのかもしれない。

後日、リオ・オリンピックの**日本人のふるまいに感心した一部の韓国人やブラジル人がスタジアムの掃除をしたという報道**を見たときは、正直驚いた。几帳面《きちようめん》な印象のドイツ人やシンガポール人ではなく、「清潔」という言葉からとてもイメージしにくい「韓国人やブラジル人が！」だからである。まあ案の定、そのときかぎりだったようだが。

日本と世界のセルフサービス

アメリカのセルフサービスの店では、店員は客を手伝わない。「アメリカの」と書いたが、それが世界の常識だろう。客より店員のほうが多いような状態でも、少しくらい動いたほうが退屈しないのではないかといつも思うが、店員はカウンターの向こうでヒマそうに立ったままだ。なぜか。その店がセルフサービスだから——それ以外の答えはない。

一方、日本のセルフサービスでは、店員は客が途中まで持ってきたお盆を受けとり、「（ここまでお盆を持ってきてくださって）ありがとうございます」と感謝の言葉を述べる。本来のセルフサービスの概念は崩壊しているが、日本人はいっこうに気にしない。これが欧米であれば、「店全体に同じサービスを求められるから、オマエはよけいなことをするな」などと、ほかの店員や経営者からクレームを言われる可能性が高い。

日本でセルフサービスのガソリンスタンドが解禁されたのは１９９８年である。アメリカからの外圧による「規制緩和」の結果だった。しかし、これまたセルフサービスといいながら、入口では空いてる給油口を指示してくれたり、車を止めると給油機の使い方をいちいち教えてくれたり、出口では道路への合流を全身で指示してくれる。

それがセルフサービス式ガソリンスタンドにおける「ジャパン・スタンダード」なのだろう。いたれり尽くせりでうれしい反面、過保護だとも思う。これが日本だけの「ありがたい」状況だと理解していない人は、依存症の傾向を強めてしまうのではないだろうか。

北欧社会の平等主義

欧米の価値観に弱い日本人だが、なかでも北欧のものに弱い。近年ではフィンランド式の教育法がもてはやされ、イケア（ＩＫＥＡ）というスウェーデン調の家具ブランドが浸透している。ちなみに現在のイケアはオランダに本社をおく多国籍企業だ。

なんでも**日本人は北欧と聞くと、「平和主義の社会」で、「理想の市民社会」を連想するらしい**。それじたいがとんでもない誤解だが、その風潮の中で北欧伝来という奇妙な教えがインターネットで広まっている。

その奇妙な教え、**ヤンテの法［Law of Jante］**は１９３３年発行の［A fugitive

crosses his tracks」という小説に出てくる。著者はデンマークとノルウェーで活躍した人で、ヤンテは架空の村の名前。

「これこそ究極の平等主義」「世の中がこの教えを実践する人ばかりになれば理想的な社会ができる」と称賛している日本人が多いので、どういうものかと思って確認してみた。

とりあえず全文をあげてみよう。

You're not to think you are anything special.
1、自分のことを特別な存在だと思うな。

You're not to think you are as good as we are.
2、自分のことを人より善良だと思うな。

You're not to think you are smarter than we are.
3、自分のことを人より賢いと思うな。

You're not to convince yourself that you are better than we are.

4、自分のことを人より善良だとうぬぼれるな。

You're not to think you know more than we do.

5、自分のことを人より物知りだと思うな。

You're not to think you are more important than we are.

6、自分より重要な人間はいないと思うな。

You're not to think you are good at anything.

7、自分にはうまくやれる何かがあると思うな。

You're not to laugh at us.

8、人のことを笑うな。

You're not to think anyone cares about you.

9、人から気にかけてもらおうと思うな。

You're not to think you can teach us anything.

10、人に教えられる何かを持っていると思うな。

私には強烈な違和感をおぼえる内容だった。**個人を集団から突出させないことで平等性を実現しようとしている。**北欧社会の「平等主義」を表現したものだというが、日本の「村社会のオキテ」にある平等性とどことなく似ている。

しかし、「ヤンテの法」は**個人の自由の暴走を否定する内容のように見えて、一方で、人の個性の存在を否定している。さまざまな個性を持つ人どうしがつながって社会が形成されるという現実を頭から否定**している。正しい個人主義の前提にある、**自分を尊重し、**

他人を尊重する関係がここには見られない。

かつてソ連や東欧などの社会主義国で、結局は理想社会を構築できなかったばかりか、その国民は**「最低限のことをしていれば、他は何もしなくていい」と考える人間へと堕落し、向上心とともに個人の尊厳すら失われていった歴史**を思いだした。

北欧産ということで、なんでも従っていいはずはない。「平和憲法」というホラ話もそうだが、日本人は耳あたりのいい言葉や教えを無防備に受けいれる傾向が強い。書かれた内容をよく読んで、自分の頭で考え、自分の価値観で判断してほしい。

一部の人が変えていく社会

日本社会の復興力

日本人というのは**非常の事態が起こったときに力を発揮する**民族だ。この非常事態からよみがえる力、フェニックスの力を評価している外国人が多い。

世界を驚かせたのが、**阪神《はんしん》・淡路《あわじ》大震災や東日本大震災などの大災害のときに見せた日本人の姿**だった。お札がいっぱい入ったまま流された金庫が戻ってきたとか、おにぎりや水の配給を受けるのに何時間も列を乱さずに並んでいたとか、そういうエピソードとともに、天災に立ち向かう日本人の強い意志と冷静さが伝えられた。

地震、津波、台風、洪水、大火……日本は何度も天災に襲われながら、そのたびに完全復活している。戦争もそうだ。東京は、関東大震災と東京大空襲によって二度リセットされたにもかかわらず、いまだに世界を代表する巨大都市として繁栄している。

最近では、**福岡博多で起こった道路陥没の復旧工事**が世界を驚かせた。道路が大規模陥没する瞬間の、まるで映画のような映像に驚いたかと思えば、その1週間後にはもう復旧していた。復旧された道路の写真を見ると、なんとか通行できるようになったというレベルではなく、横断歩道がペイントされ、歩道には点字ブロックがはめこまれていた。

「これは何かのマジックか」と写真の真偽を疑った人は私だけではないだろう。日本以外の国であれば、ようやく復旧の計画がまとまるかどうかである。1週間で計画がまとまれば、まだ早いほうかもしれない。

さらに驚いたのは復旧の早ワザだけではない。**この大きな事故でひとりのケガ人も出ていない。工事中に作業員が水もれを発見してから陥没が発生するまで、わずか15分のあいだに道路を封鎖し、周辺の住人を全員退去させた**という。早朝のオフィス街とはいえ、関係当事者に無関心な人がひとりでもいたら、被害ゼロでは終わらなかっただろう。彼らはつねに、そういう**非常事態を想定して、日常のルーティン作業にあたっていた**ことがわかる。

危険を察知し、ただちに行動に移した現場の関係者たちは勲章ものではないだろうか。**「自分の命だけ助かればいい」と思わない**のが日本人のすばらしいところで、「すべての仕事には、社会に対して大きな責任がある」ということを、現場の関係者までが肝《きも》に銘《めい》じていたのだろう。

驚いてばかりで恐縮だが、あれだけ大きな陥没でありながら**周辺の建物がひとつも倒壊しなかった**ことも衝撃的だった。土が流れて基礎をむき出しにしながら立ちつづけるビルを見て、その後の復旧の早ワザも確信した。余談であるが、事故現場に面して「落ちそうで落ちなかった」セブンイレブンは、受験生のメッカになっているそうだ。

日本人は、**復興力――もとの形に戻す力**が飛びぬけている。そのことをあらためて確信させられた事件だった。

非常時でないときは思考停止になる

非常事態に直面したとき、集団が一丸となって復興に向かうのが日本社会の特長だ。かつての村社会のよい部分が出た結果だともいえる。

日本の農業は、たび重なる天災にそなえなくてはならない。地震や台風のような大きなものはもちろんのこと、都市生活者にはそれほど問題がないような強風や長雨、また雨がしばらく降らないだけでも、農作物はダメになることがある。

それが日本人の投資嫌いと貯金・保険好きという国民性をはぐくんだのかもしれない。しかし、大きな災害のときは金銭的手当だけでは不十分で、**社会全体で問題解決にあたる結束力**が必要となる。これは個人の力ではやりきれない。日本社会はこのような歴史的な性質をいまも持ちつづけている。

また、狭い国土に多くの人が暮らしてきたことで、**おのずと集団の総意に従う習慣が身**

につく。共通の問題が起こったときは「さぁ、どうしよう」という議論の場がすぐに持たれる。これが一致団結の復興力のエネルギーとなる。

そんな日本社会にとって唯一の問題であり、最大の問題は、**非常事態に直面していないとき、つまり平常時の過ごし方**である。

非常時の結束力をアテにしているので、日ごろから個人で対応策を用意しているわけではない。**「平常時には日々の仕事だけをやればいい。何か問題が起これば、みんなで考えよう」**という集団依存の考え方によって後手の対応になりがちだ。

つい、「何かあってからでは遅いよ」と、ひとこと言いたくなるが、それが復興不可能と思われた状況から完全な復興を何度も実現してきた日本国民の習慣であり、すぐれた民族性ということであれば、一方的に否定するわけにもいかない。

では平常時の日本人はどうしているかといえば、さまざまな問題を**「一部の人」に任せきりにしてしまっている**。そうした「一部の人」とは、集団のエリートであり、地域のリーダーだが、**彼らが社会の進むべき方向性を決め、ほかの大多数が誠実にその道を進んでいく。日本の平常時は、エリートやリーダーの資質や道徳心にかかっている**といっていい。

江戸時代でいえば、農民たちは、藩の役人や地域の庄屋《しょうや》に平常時の一切を任せ、「自分たちはひたすら田畑を耕《たがや》せばいい」と考えていた。しかし藩政が悪徳であったり、庄屋が無能だったりすれば、何かあったとき悲惨な目にあうのは農民だ。少なくとも藩の役人や庄屋が日照《ひで》りで餓死することはないだろう。

現代日本で国民が「一部の人」に任せてしまった結果、どうなっただろうか。その最悪の例が福島第一原発の放射能漏洩《ろうえい》事故ではないか。

国民や地域住民が選択をゆだねたはずの**国の原子力関係団体や東京電力本社のエリートたちは、十分な事前対策をしておらず、事故を目の前にしても機能しなかった。**現場責任者の福島第一原発所長や現場の職員たちが事故直後の孤軍奮闘《こぐんふんとう》を見せたが、本社のエリートたちと、当時の政権中枢《ちゅうすう》にいた人物らの危機管理能力の低さには、驚きを通りこして怒りすら感じた。

日本には**言霊《ことだま》信仰**という迷信がある。**「つね日ごろから起こるかもしれないと考えていたら、そのとおりになってしまうかもしれない。エンギでもないから危機は最初から想定**

するな」という考え方である。**「ひたすら平穏無事を祈れ。有事を考えるな」**というわけだ。この言霊信仰のせいなのか、原発事故の危険性は検討すら十分にされなかった。**いったん問題が起こらないと問題意識が芽生《めば》えない社会**なのだ。

「すぐ忘れる」のではなく、「こだわらない」

黒澤明《くろさわあきら》監督の映画「七人の侍」では、ある農村を流れ者の野武士集団が襲う。困った農民たちは宿場に出て武士を雇《やと》う。雇われた武士も農民も多くの死者を出しながら、野武士集団を撃滅する。

戦闘シーンのすばらしさに目を奪われるが、印象的なのがラストの田植えのシーンだ。**平穏無事の日常をとり戻した農民たちが、まるで何ごともなかったかのように楽しそうに踊っている。**それを遠くから見ていた武士のリーダーが苦笑いを浮かべる。彼は仲間の命を失わせたのに、リーダーである自分が生き残ったことを悔いていた。

一分の恥が一生の恥——武士はこの一分の恥を死ぬまで背負いつづける。場合によっては孫子《まごこ》の代まで語り継がせるかもしれない。一方の農民は、悲しみも喜びも1年単位でリセットされる。「今年も無事収穫できた。今日は踊ろう。それが終われば、さぁ来年の準備だ」と割りきっている。

中国人や韓国人が「**日本人は過去のことを忘れすぎる**」と言う。しかしそんなはずはない。善悪の判断、そこにいたる経緯や個々の事例に対する意見はさまざまあっても、過去の日本が朝鮮を併合し、中国本土に軍を進めた事実を日本人は認めている。それに対する評価はさまざまあっても、**事実そのものを知らないという日本人はいない**だろう。

同様に「**日本人は歴史認識を持とうとしない**」という**のも正しくない**。中国人や韓国人には申しわけないが、おおかたの日本人は彼らより史実に忠実な歴史認識を持っている。自虐的な面ばかりが強調され、冷静な視点から歴史的事実を語ることすらタブー視されてきたから、それを表に出さないだけだ。少なくとも中韓の政府が自国の歴史に対する正確な認識をまったく持ちあわせていないのにくらべれば、ずっとマトモである。

だから**日本人は忘れているわけではない**。**こだわっていないだけ**なのである。

中国大陸や朝鮮半島の歴史では、**人間が引きおこす災難**がくりかえされてきた。人間関係の中の権謀術数《けんぼうじゅつすう》、集団間の駆け引き、政争・戦争が当たり前の社会によって、**他人は**

信用できないものという人生観が民族の常識となった。過去に敵となった相手を徹底的につぶすことにこだわらないと、次にまた信用できない他人が起こすであろう問題への不安を抑えられない。

対する日本の歴史は**数多くの圧倒的な天災**に見まわれる。これればかりは過去にこだわってもどうにもならない。**起こったことを運命として受けいれ、集団で事後の対応にあたるしかない。**被害者も、被害を拡大させた責任者も、いっしょになって天災の恐ろしさを再認識し、一致団結して復興と次の災害に対する準備にかからねばならない。

たとえば海辺に代々住んできた人であれば、親戚や祖先にかならず水難事故や津波で亡くなった人がいただろう。葬儀や遺族のケア、避難所の新設などは協同作業である。そうした環境の中で日本人には、**他人とは協力しあうもの**という人生観が定着した。

日本人の性格のなりたちは、中国人や韓国人のものとは根本から違っている。いくら話しあっても絶対にミゾが埋まらないのはそのためだ。この問題は『儒教に支配された中国人と韓国人の悲劇』（講談社）に詳述したので、本書では省略する。

異質のうちは尊重される

「不自由で排他的」だからよかった

近年、イスラム社会では日本の評判が急上昇している。それは彼らが歴史的に対立してきたキリスト教社会、つまり欧米先進国に対する反発が強すぎるあまり、その対極の位置に極東唯一の先進国をおこうとしているようだ。

「アメリカやイギリス、フランスなどは、悪魔のようなとんでもない連中だが、それにひきかえ日本はすばらしい」——この見方のウラには、**「なぜ欧米諸国は、日本のようにできないのか」**という憎しみの感情がこめられている。反日の韓国人や中国人が、日本を批判するためにドイツを持ちあげるのと同じ論法である。

日本に住むイスラム教徒たちは日本社会にうまく溶けこんでいる。対立もまったく聞こえてこない。日本に来るイスラム教徒はとくに品のいい人たちなのか、それとも日本社会にすべての人を品よく変えてしまう力があるからなのか。

たとえば日本社会の中で働いている中国人たちは、礼儀正しい人が多いような気がする。コンビニエンスストアの中国人店員も親切だ。環境が人間をつくるのか、人間が環境をつくるのか、その理由はわからない。

残念ながらアメリカという国には、人間を礼儀正しくさせる環境が存在しないようだ。各地に「慰安婦像」がおかれるのも、その地域が韓国系や中国系に支配されていて、彼らからの得票を期待する市長や議員がムリを聞きいれるからだ。アメリカは地方自治の独立性が守られているから、連邦政府が口出しできない。

幸か不幸か、日本では地方自治の独立性が強くないから、小さな地方行政が国内の外国人問題に向きあわされることもない。

日本国内に「慰安婦像」が出現しないのは、反日韓国人が遠慮しているからではなく、左巻きの人たちが「不自由で排他的」と批判してきた日本社会が拒否できているからだろう。おかげで在日韓国人団体である「民団」から、「釜山《プサン》の日本領事館前の慰安婦像は撤去すべき。在日同胞は迷惑している」という言葉を引きだすことができた。

しかし、仮に地方自治における外国人参政権を認めたら、在日韓国人・朝鮮人たちの要求がエスカレートすることは目に見えている。私自身、在日外国人のひとりとして東京都の選挙に一票を投じたい気持ちもあるが、広範《こうはん》な弊害を考えると、国政と地方を問わず、外国人参政権を認めることには絶対に反対である。

外国人を歓待する

日本はホスピタリティの社会だ。近年その事実が伝わるようになり、世界から旅行者が訪れるようになった。大半が**日本社会のホスピタリティに満足**している。

この言葉のもととなったヨーロッパのホスピタリティは、宗教的な意味をふくんでいる。それは**巡礼者が病気で倒れたり、旅の費用に困ったりしているのを助けるという無償の献身**を意味した。

つまり地域の外から来た人も、国外から来た人も、**たとえ異民族であっても、キリスト教の信仰者であれば歓待し献身すべきという考え方**だ。共通の宗教心によって「市民か、非市民か」の差別を乗り越えることができた。

よく似ているのが、日本の四国でいまも見られる**お遍路《へんろ》さんの歓待**だろう。四国八十八カ所の聖地をめぐる巡礼者は、道中でさまざまな接待を受けた。巡礼者の中には地元の人の誠意を利用した詐欺師もいたにちがいないが、それによって警戒心が生まれることはない。これが宗教心の力だった。

フッウは狭く閉ざされた社会ほど、その外部から来る人に対する警戒心は強くなる。ところが日本社会は**異民族に対しても高いホスピタリティを保ってきた**。

江戸時代の朝鮮通信使の一行も日本各地で歓待されている。一行が到着すると、地域の文化人が殺到し質問攻めにしたという。その一方で一部の朝鮮人がニワトリを盗み、とりもどそうとする日本人ともみあう絵が残されている。こんな事件が日常的に起こっていたと思われるが、全体で見れば朝鮮人への歓待はやまなかった。このときの朝鮮人の風俗を再現した祭りが行なわれる地域もある。

日本人が異民族に警戒心を持たないのは、**ものめずらしさのほうが強かったから**だろう。農耕社会を中心におきながら、**根っこは海洋民族なので海外への関心が高かったよう**だ。大陸との絶妙な距離によって、異民族とまったく遭遇しないわけではないし、誰もが遭遇するわけでもなかった。話には聞くが出会ったことがないという日本人が多かった。
それに、物理的にも人間関係的にも閉ざされた社会ということもあって、外国人の実数が少ない。問題を起こした外国人が国外に逃亡することも難しい。自由な行き来ができないから問題を起こしづらい状況にある。そのことによる安心感もあったと思われる。

ホスピタリティの裏側にあるもの

私が学生時代にモルモン教の宣教師として最初に住んだのは、九州の福岡だった。アパートで仲間たちと共同生活をしながら、伝導活動を行なった。日本人は「宣教師」という言葉から、フランシスコ・ザビエルのような布教に生涯を捧げた人をイメージするらしい。

しかし、モルモン教の宣教師とは、20歳前後の若者が2年間の武者修行に出るようなイメージである。そのあいだに外国語を身につけ、異文化コミュニケーションを体験し、人間的にかなり成長してアメリカに戻ってくる。たしかに大学は休学しているし、もちろんアルバイトもできないので専任の宣教師なのだが、修道院にでも入っていたかのようなイメージを持たれると、話が噛みあわない。

九州・沖縄と山口、広島、島根県に住む宣教師が福岡市内に集合する大会が何度かあった。連れだって食堂に行ったことがあったが、日本の食事が苦手な人はシリアル代わりにゴハンだけを注文して牛乳や砂糖をかけて食べていた。食堂のおばさんはさぞかし気持ち悪かっただろうが、やめるように言われたことはなかった。

同じことを日本人がやったら、「お代はいいから出ていってくれ」と言われるにちがいない。**なぜ外国人なら許されるのか。それは私たちが外国人だからだ。**

静粛《せいしゆく》にすべき神社仏閣で中国人観光客が騒いでいても、日本人はそれが中国人だとわかれば注意しない。陰で悪口は言っても、本人たちに正面から注意する人は、まずいない。彼らが外国人だからだ。

唯一の問題は、中国人や韓国人は欧米人と違って日本人との見分けがつきにくい。すると日本人には、彼らを**日本人と見まちがえて失礼をしないように、服装やちょっとしたしぐさで見分ける技術が身につく。**あるいは彼らが言葉を発するまで注意するのをひかえるだろう。

マナーを破っているのが日本人なら注意する。外国人なら注意しない。これは日本人が「日本社会の美徳は外国人などにはとても理解できない」と考えているからだろう。外国人は日本社会に完全に溶けこむことはできないと決めつけられ、最初から排除されている。**枠の外にいる人たちなので日本社会のマナーを守る必要がない。**

「できなくてもしかたないでしょ。外国人なんだから……」

いつまでも**外国人はお客様**なのだ。いくら日本の生活になじもうと、日本語が上達しようと、日本文化の達人になろうと、永遠にお客様のまま。日本人のホスピタリティは、**「数多くある国から日本を訪問先**（滞在先）**に選んでくれてありがとうございます」という気持ち**によって支えられている。

もし日本が「どこを歩いても外国人ばかり」という社会になったら、ものめずらしさはなくなる。ありがたみも失われる。**外国人は異質だからこそ尊重される。異質でなくなれば排除される。**なにより**「日本人以上に日本人らしい」というホメ言葉**が日本人と外国人のあいだにある高い壁を表わしていないだろうか。外国人が日本人と同じあつかいを受けることは永遠にないのだ。

私がいちばんショックを受けるのが、次の言葉だ。

「ケントさんはいつアメリカに帰るんですか」
「あと何年くらい日本にいるつもりなんですか」

私もまだお客様である。どう見ても20代や30代の日本人からも言われる。「アナタが生まれたときには、もう日本にいましたよ」「アナタよりも長く日本語を使っていますよ」「アナタより日本全国に行っていますよ」などと皮肉のひとつでも言いたくなるが、彼らはそれが皮肉だということにも気づかないだろう。

永遠のお客様だからこそ、**日本社会の外部からの視線としての需要がある**のだと割りっている。私が日本生まれ日本育ちの米国人だったら、おそらくテレビに出ることも、本を書くこともなかっただろう。

島国は基本保守

古いものを大切にする

日本人は**古いものを大切に使い長持ちさせる**。**「すぐ捨てるのはもったいない」**と言う。世界最古の木造建築が現役で、大陸や半島の大昔に滅んだ国でつくられた書籍や工芸品が、いまも大切に保管されている。日本に入ってきたものがその先に流出することはない。ここが極東の国だからだ。そのため本国ではすでに失われた貴重なものも残っている。

半島の国は「文化財は生産した国に返せ」と言ってくるが、歴史的に見れば**生産することよりも維持することのほうが大変**なのである。自分の国の文化財はおろか、漢字文化すらも残せないような民族が何を言っているのか。

「もったいない精神」が深く根づいた日本社会では、職人やその技術が尊重され、修理の

技術が発達してきた。廃品を利用して新しいものにつくりかえることも昔から行なわれてきた。これは**リサイクル社会の先駆け**ともいえる。

だから日本の職人や生産者は**長持ちするものをつくる。耐久性がメイド・イン・ジャパンの評判を世界に広めた。**

終戦直後のメイド・イン・ジャパンは、いまのメイド・イン・チャイナやメイド・イン・コリアのように安さで売ってきた。私がまだ幼かった50年代、メイド・イン・ジャパンという言葉には「落としたら壊れる」というニュアンスがふくまれていた。

それが70～80年代には「値段が安いわりには、丈夫で高品質」へと意味が変わり、いまは「値段は多少高くても、頑丈につくられていて高品質」がメイド・イン・ジャパンのイメージである。トランプ大統領は理解していないようだが、アメリカで日本車がたくさん売れる理由は、高品質で耐久性があり、アフターサービスも充実しているからだ。

日本人の職人魂は短期間では身につかない。「安くつくって安く売る」までは、人件費が安い国に設備投資を行なえば、どこの発展途上国でもやれる。だが、そのあと差別化が可能な商品を開発できる状態まで発展できる国は限定される。

利益至上主義から見た場合、製品の耐久力は利益効率に反する。次の商品を買ってもらうには、前に売った商品が早く壊れたほうがよいからだ。しかし、**日本人は目先の利益よりも商売の理想を選んだのだろう。**それが結果として評判を呼び、メイド・イン・ジャパンの名声につながっていく。

古くからの日本の商人訓に**三方《さんぽう》よし**がある。「売り手よし、買い手よし、世間よし」**——売買の当事者がいくら満足しても、世間体がともなっていなければ、よい商売とはいえない。**いまでこそ世間の評判はとても重要で、その結晶がブランド力だと認識されているが、日本社会はこの考え方を江戸時代に持っていた。

きれいな商売を長く続けてきた企業は信頼がおける。新しい企業と古くからの企業が同じような商売をしていたら、日本人は古くからの企業を選ぶ。アメリカ人なら新しい企業にも新しい価値があるのではないかと考えるが、日本人は**古い企業には古いなりの価値があると考える。**古くから続いた企業は**老舗《しにせ》**と呼ばれ、古さじたいが決定的な価値になる。

日本でいちばん古い企業は１０００年以上も続いている。

みずから変えようとしない

日本社会では古くからのものが積み重ねられていった結果、**新規のものが入りこむ余地が少ない。**どうしても社会の変化のスピードは遅くなる。

島国の住人は、海洋国家としての進取《しんしゅ》の精神を持ちながら、一方でその閉ざされた国土から保守的にもなりうる。その両面が交互に現われる。民族が外部からの大きな変化にさらされたとき（非常時）には思わぬ先進性が発揮される一方で、外部からの刺激がない状態（平常時）では静かに内にこもる。

たえず変化し、新陳代謝が起こっている社会ではない。現状維持が基本の社会である。日本社会の復興力は現状維持への強い意志が反映したものともいえる。

新陳代謝のない社会では、時代からとり残されたような悪しき企業文化を持つ大企業がいまだに生き残る反面、**新しい企業が生まれにくく、新しい業種の開拓や価値変革、制度改革も起こりにくい。**チャンスは現状維持にすがりつく既得権益者の手の中に落ちがちだ。**機会は均等に訪れない。**既得権益者の投資先は海外が中心になるから、**日本国内には富の再分配もない。**新規参入者や若い人はとり残されていく。いまの日本はこのような閉塞した状態にある。

不謹慎を承知で言うなら、これまでの日本社会は**天災や戦災、経済危機、重大な社会事件など大きな転機や外圧を受ける形で変化を実現してきた。**ほとんどの新しい業種の開拓や価値変革、制度改革はそのときに生まれている。

一度取得した資格が永遠に有効なことも、変化を好まない社会を象徴している。

アメリカの例をあげれば、私はカリフォルニア州の弁護士資格を持っているが、3年ごとの更新のために毎回25時間の講習を受けなければならない。アメリカでは医師も公認会計士も、業務を行なううえで必要となる知識や技能をちゃんと維持するために、数年ごとにかならず講習を受けなければならない。

新しく権利を得る人がいれば、それを失う人がいる。アメリカはその新陳代謝によって社会の健全性が維持されている。その点において日本社会には改善すべき点があるのではないか。

自己完結した社会

まるでビオトープ（閉じた中で完結した生息空間）のように、日本という**狭い国土の中で自己完結する習性が身についている**。やはり島国であることが大きいと思う。資源の少ないところで、**なるべく節約し、ムダを省き、耐久性のあるものを生産し、古くなっても修理して使いこんできた**。

謙虚で誠実な性格も、自己主張の少なさも、制度の変化が最小限であることも、法的な手段に訴える人が少ないことも、**狭い国土の中の衝突を避けることで社会的ロスを最小限に抑えるための習慣であり、知恵**だろう。

個々がムダを省く動きを見せることで効率的な社会にはなるが、劇的な変化も起こりにくい。とくにいまの日本の若い人は、小さな組織の頭になることよりも公務員や大企業の会社員を選ぶことが多い。**優秀な人材ほど現状維持をめざす職務におさまってしまう**。企業や役所に就職できなかった人が非正規雇用者になる。自分の意志で就職せずに（あるいは脱サラして）新しい事業を立ちあげる人には十分なサポートがない。大きなリスクを背負って頑張る人を見てロマンを感じたとしても、成功率がきわめて低い。だからチャレンジする前にあきらめる人が多い。これでは日本社会の飛躍はさまたげられる。

かつての海洋国家は、他国との貿易によって成立してきた。日本もそのひとつと考えている人が多いだろう。海外から材料を入れ、これを国内で製品にして輸出することで利益を得る。教科書風にいうところの**加工貿易**。「この方法以外に日本が生きる道はない。加工貿易こそ日本経済の生命線」と教科書には書いてあった。

しかし現実はそうではない。日本経済は**85パーセントが国内向け**なのだ。つまり**内需《ないじゅ》型**の経済である。この傾向は70～80年代の経済好調期から変わっていない。あれだけ海外に輸出している時代でも旺盛《おうせい》な内需が勝っていた。おもな国の中で、日本より内需比率が高いのはアメリカだけである。

それなのに、ちょっと前まで**「日本はもっと内需型の経済にシフトすべき」との論調**がまことしやかに飛びかっていた。**これでよけいに内向きになってしまった。**日本の経済力が世界に伸びていくことを恐れる何者かが、それを日本国内に押しこめようとたくらんだとしか考えられない。

ちなみに韓国経済は完全な外需型だ。国内の需要は経済全体の5割強しかない。このような社会では輸出がとどこおれば、たちまち破綻《はたん》する。日本経済はそれとはまったく違うのだ。

第3章

商売は一流だが
お金のことがわからない日本人

日本基準を経済的価値におきかえよ

狭い国土に異常発達した交通網

いまさらの話になるが、日本は世界一の乗りもの大国である。自動車、バイク、鉄道、船舶……ほぼすべてのジャンルで質・量ともに世界のトップクラスを誇っている。

三菱重工やホンダが本格参入した航空産業も、そのうちトップクラス入りするだろう。第二次世界大戦中はトップクラスだったが、戦後の占領期には航空機の開発が禁じられた。このあいだに航空技術者たちは自動車などの他業種に転向せざるをえなかった。この空白がなければまちがいなく航空大国になっていた。同様に後発となった宇宙産業の分野も、近年の伸びが大きい。過去の衛星の打ち上げ個数で見ると、ダントツのアメリカ・ロシア（ソ連）に次ぐ3位である（4位は中国）。初回は失敗したが、世界最小ロケットの打ち上げにも挑戦している。

このほか、鉄道は車両単体から、線路の敷設、関連施設の建設、運行システムの販売・代行など大きなビジネスになる。すでにアジア、中東、ヨーロッパで導入実績があり、ほかの地域でも計画が検討されている。

2016年には日立《ひたち》製作所がイギリス国鉄から受注していた主力車両866両のうちの第1号が公開された。2017年夏に運行開始するという。鉄道発祥の地への進出はたいへん感慨深い。明治初期、日本がはじめて輸入した1号機関車はイギリス製だった。

鉄道文化ほど日本人の性質を反映したものはない。もはやその存在価値はただの交通手段ではない。縦横無尽《じゅうおうむじん》の鉄道網。1分遅れただけでも謝罪を要する緻密《ちみつ》な運行。東海道新幹線は最高時速285キロを超える列車が3分ごとに発着している。

新幹線はそれじたいが外国人の観光目的になっている。駅のホームに超高速列車が次々と入線する光景に驚かされる。天気のよい日に東海道新幹線に乗れば、富士山の雄大な姿が望める。日本の旅の記念にと、新大阪−京都の一区間だけ乗る人も多い。リニアモーターカーが開通したら、これがお目当ての外国人観光客が殺到するだろう。また路面電車やモノレールの路線も多く、たいへん人気がある。

乗降者数について世界一を誇る新宿駅を筆頭に、ベスト25に入るのはすべて日本の駅である。海外の駅でいちばん乗降者の多いパリ北駅でも、千葉県の西船橋《にしふなばし》駅よりも少ないのだ。駅と駅を結ぶ地下街は迷宮のようで、外国人観光客だけでなく地元に住む日本人でさえ迷うほどだが、駅地下、駅ビルは地域の文化拠点として機能している。

鉄道という精神文化

巨大なターミナルには10数本のホームが並び、同じ名前の駅内で乗りかえるよりも隣の駅まで歩いたほうが速いこともある。朝夕のラッシュ時や、お盆と正月の帰省列車の乗車率は200パーセントになることもある。

異常な効率性と不便さが同居しながら、いまなお日本人の生活の中心にあるのが鉄道なのだ。日本人は鉄道文化に深い愛情をそそいできた。「飛行機のほうが便利なのに、なぜいまの時代に鉄道?」と疑問に思うアメリカ人は多いが、日本人が飛行機ではなく鉄道を選んだのには理由がある。

まず積雪や豪雨、濃霧などの自然現象に鉄道は強い。高架《こうか》や長い橋がある路線では横転事故を防止するため、強風が吹いたときには停止させる場合が多くなった。それでも飛行機にくらべると、休止や大きな遅延は少ない。狭い国土では鉄道のほうが効率的という見方もあるが、なにより**日本人が鉄道の安定性に特別な信頼を感じていることが大きい**ように思う。

そういう精神的なものが大きいから、天災などで線路や橋が破壊されたときも、いちばんに復旧させる。２０１６年4月14日に起きた熊本地震によって、九州新幹線も被害を受けて休止したが、同じ月の20日には一部開通、27日には全面開通にこぎつけている。すごい復興力である。

新路線の開通も劇的に演出される。東日本大震災が起こったその翌日が、九州新幹線の全線開通日だった。震災被害者への気づかいから、開通を祝う予定でつくられたＣＭが全国放送されることはなかったが、逆にユーチューブなどで全世界の人に知れわたった。

このＣＭのいちばん長いバージョンは3分もある。鹿児島中央駅を出発し博多駅に着くまでの新幹線の車窓風景をえんえんと流している。各駅には地元の「ゆるキャラ」や職員、駅近くの住民などが集まって手をふっている。感動的なのが沿線に有志の人たちが集まって、めいめい仮装したり、横断幕をかかげたり、踊ったりして九州新幹線の開通を祝う光景を映しだしていることだ。**日本人にとって鉄道が果たす役割の重要性をこのCMを見た世界中の人々が理解しただろう。**

鉄道文化が根づいたもうひとつの理由は、日本に馬車文化がなかったからだと思う。江戸時代までの日本には乗りものらしい乗りものがなかった。幕府の政策もあって、一般庶民は徒歩で移動していた。上流階級の移動もカゴだから人力である。物資の輸送は海運が主流だった。これが明治になって全国の交通網をととのえようとしたとき、むしろ馬車文化がなかったおかげで、そのまま鉄道文化の成熟に向かっていく。

欧米では馬車文化をベースにした自動車文化が発達したのに対して、明治時代の日本では鉄道文化が先に発達した。日本が自動車大国になったのは戦後である。

鉄道は環境の視点からも世界中で見直しが進んでいて、日本はそのトップランナーだ。新たなアジアの市場では、新興の中国としのぎを削っている。

コスト面から、車両の企画と設計だけを日本のメーカーにやらせて、大量生産段階に入ってからの製造は中国で行なう場合もある。シンガポール地下鉄で、日本製の車両のときは正常に運行していたのに、中国製に切りかわったとたん故障が続出し、あわてて回収したという問題が出た。35編成中26編成が不良品だった。国民からは「やっぱり日本製がいい。なぜ途中で中国製に変えたのか」との批判が上がっている。

日本の鉄道は、日本人の安全性、精度、正確性、耐久性に対する信念が凝集されたものだ。日本の鉄道文化にふれることで、外国人はあらためてメイド・イン・ジャパンにメリットを見いだし、その体験が日本にとって経済的価値におきかわる。「チャイナ・スタンダード」に対する「ジャパン・スタンダード」の優位性を目撃し、体験することで、彼らの日本製に対する信頼感はより確かなものとなる。

東京の青い空

日本に来た中国人や韓国人が感動するのが、澄《す》みきった空気である。日本のアニメの背景に描かれる都会の空の青さ、燃えるような夕焼けがフィクションではなく、実際のものだとわかって衝撃を受ける。遠くに富士山が見える東京の全景写真も、観光用につくられた合成かと思っていたら、冬の空気が澄んだ日には実際に見えるのだと知る。

中国の大気汚染は深刻だ。自慢の歴史的建造物も、少し離れただけでスモッグにおおわれていて、全体を望むことができない。高所から一面を見渡すなどというのは夢のまた夢だ。陸続きの韓国にもスモッグは押しよせ、ソウルなど北部の都市はくもっている。韓国人が「青い空を返せ」と文句を言うと、中国人は「それはオマエのところの工場から出たものだろ」と反論している。

日本のアニメ映画「君の名は。」の中国版ポスターのパロディに、背景の青い空が薄黄色に変えられ、主人公たちがスモッグに隠れてほとんど見えないというものがあった。これはこれでひとつの文化として面白いと思う。自虐的な文化だけど。

彼らを日本観光にもっと呼びたいのであれば、次のひとことで十分だ。

「日本の青い空と清らかな水を感じてみませんか」

観光にかぎらず、「日本は美しい」「日本人は清潔だ」というイメージは、環境や衛生など他の産業にもプラスの影響を与える。クリーンエネルギーの設備やシステムがビジネスになるのはもちろんのこと、食品、薬品、化粧品、バス・トイレタリー用品、生理用品、介護用品などにも**安全性や清潔さのメリット**がともなってくる。ここでも「ジャパン・スタンダード」が経済的価値におきかわる。

さて、日本の空が青いのは理由がある。

ひとつには高度経済成長期に汚された空気や水をとり戻そうとする活動があった。**効率性をいったん横において、電化や設備の交換を進め、汚染物質の排出を規制した**。そう考えた背景には、深刻な健康被害があった。水俣《みなまた》病、イタイイタイ病、四日市《よっかいち》市など工業地帯で発生した児童ぜんそくをはじめとする公害病の原因となる環境汚染を撲滅《ぼくめつ》していく努力によって、結果的に都会にも青い空がよみがえり、川や港湾のヘドロが減って魚が戻ってきた。

もうひとつは日本が島国だということもある。**西から東へ流れる風に乗って、細長い列島の空気中にある微細物質はたちまち太平洋のほうへと押しだされる**。台風が去ったあとの空は特別に青い。

東京や関東に限定した話ではあるが、石原慎太郎《いしはらしんたろう》元都知事が運送業者などの反対を押しきって強行的に実施したトラックなどのディーゼル排気ガス規制の効果が大きかったと思う。石原氏が残したもっともすばらしい功績のひとつだと私は評価している。

それまで私は、「どうして東京の建物を白くするのだろうか。どうせ排気ガスで汚れるのだから、汚れが目立たない他の色にした方がいいのに」といつも思っていたくらいだ。しかし、現在の東京は建物が汚れない。ということは、私たちの肺の中も汚れないということだろう。そのような規制を実施していない地方都市に行くと、バスやトラックが吐きだすディーゼルの煙がたいへん気になる。

お客様は神様？

日本のメリットをよく知る中国人

いっとき中国人の「爆買い」が話題になったが、いまはすっかり落ちついている。ところが中国からの観光客は減る気配はない。むしろどんどん増えている。どうやら彼らは、日本旅行の中に**高級品を安く買うこと以外の価値**を見つけたようだ。

中国人ほどゲンキンな民族はないから、日本に対する高い評価にも理由がある。その証拠に韓国旅行をリピートする中国人は年々減っている。化粧品やブランド衣料であれば通販で十分だと気づいてしまったのだろう。

中国人の新たな興味の対象は**日本人の日常生活**である。何気ない下町の商店街を散歩し、フツウの日本人が入るような店に入る。中国人は「こんな店に」「こんな場所に」というところにも出没して日本人を驚かせる。彼らの情報網はすごい。

日本の日常生活の深みは果てしなく、とどまるところがない。1週間程度の滞在では気づかないが、旅行通ほどそのすごさがわかるというものだ。日本に40年近くも住んでいる私でさえ、日本はもちろん東京のほとんどを知らないでいる。

だから中国人観光客が買っていくのも**日本人が愛用する日常品**だ。日常で用いる薬、とくに目薬や龍角散《りゅうかくさん》が「神薬」として大人気だという。ほかにもスキンケア用品、生理用品、下着、爪切り、大工道具、キッチン用品、お菓子……そういうものを大量に買っていく。

皮肉なことに、むしろ世界的なブランド品のほうに中国製が多い。ブランド品だから、ちゃんとつくられているだろうと思っていたら、逆に粗悪なつくりだったりする。それにくらべれば、日用品にはまだまだ日本でつくられているものが多くあるから、中国人は隠れた日本製を見つけだしては買っていく。

たとえば日本で売られているメガネのフレームは9割以上が福井県でつくられているが、この正真正銘《しょうしんしょうめい》のメイド・イン・ジャパンが安いものだと5千円くらいで買える。一方、中国製のブランド品のメガネは数万円する。メガネをつくるためだけに、わざわざ日本に来る外国人もいるほどだ。

またドイツの職人気質を物語るブランドとして刃物のヘンケルスとツヴィリングがある。かつては町の名前から「ゾーリンゲン」と呼ばれていた。日本にも愛用者が多いが、ここの高級品ラインはメイド・イン・ジャパンである。これを「やはりドイツ製は違う」と言って愛用している日本人がいるからおもしろい。

きびしい消費者の目

日本のすごいところは、日常で用いるささやかなものにまで、高い品質と創意工夫、安全性が徹底されている点だろう。

現場の人たちの職人意識がすごいのだ。給料は毎日会社に行って新聞を読んでいるだけの都会のビジネスマンよりずっと安い人も多いだろうに、そういう人も最低限の仕事をこなすだけじゃなくて、つねによりよいものをつくろうと考えている。**日本のものづくりに携**《たずさ》**わる従業員は、パートであれ、契約社員であれ、事業の改善に対する意識がひときわ高い。**

いじわるな人が日本でブランド品を買いあさっている中国人に「それって中国製ですよ」と教えてあげたらしいが、すると、「問題ない。日本で売っている中国製と、国内で流通している中国製とでは品質が違うから」と返されたそうだ。**日本人は品質に対する目がきびしい**から、同じ中国でも日本への輸出品を専門に生産する優秀な工場があるという。

この話がすべてにあてはまるわけではないと思う。日本にも粗悪で安いだけの中国製があふれている。ここで重要なのは「日本向けの中国製は高品質」という伝説を中国人が信じていることだろう。

どういうことかというと、世界一の日本市場はこのきびしい消費者の目によってつくられている。また世界市場でも、**「品質にうるさい日本人のおメガネにかなった」という実績が高い評価のもととなる。**

たとえばｉＰｈｏｎｅのような**外国製品が日本市場でもてはやされると、このことが宣伝材料となり、アジアの消費者が飛びつくという構図**ができあがる。ダイソンの掃除機も完全に日本市場をターゲットしている。

もうひとつの企業にとってのメリットは、**きびしい日本社会で消費されるプロセスで商品の品質がいっそう磨《みが》かれていく**ことだろう。日本の消費者をひきつづき満足させるためには商品やサービスを進化させなくてはならないから、開発者や企画担当者の能力も向上していく。**日本市場という高性能なフィルター**を通じて、世界的ヒットが生みだされる。

サムスンが何度失敗しても日本市場に挑戦するのは、この効果を期待するからだろう。韓国でトップのブランドというだけでは世界市場の評価を得られない。いままでは安いから売れてきたが、このままでは中国ブランドに抜かれるのも時間の問題。それまでに確固としたブランド力——「サムスンの商品は少しばかり高くても品質がいい」という消費者イメージをつけなくてはならない。

だから彼らには**日本で売れたという実績**が必要なのだ。Ｋ‐ｐｏｐも韓流ドラマも、日本で売れなければアジアでここまでの市場は築けなかったはずだ。

しかし、韓国が国をあげて反日を続けているという事実を多くの日本人が知るようになった。韓国人や韓国製品を毛嫌いする日本人はここ数年で圧倒的に増えた。国をあげて反日政策を謝罪し、悔いあらためないかぎり、二度と元には戻らないだろう。

飲食へのすごいこだわり

日本に来る**観光客の大きな目的のひとつは豊かな飲食文化**である。伝統文化ではないし、もちろんアニメ文化でもない。観光庁の調査によると、「訪日前にもっとも期待していたことは」という単一回答の質問に対して、**26・1パーセントの人が「日本食を食べること」と回答**した。「観光」「ショッピング」「温泉」「テーマパーク」の項目を抑えて堂々の首位である。日本の食文化に満足した人の割合も9割を超えている。

その国や都市の「美食度」をてっとり早く測るのに、ミシュランガイドに掲載された星つきレストランの数がある。２０１６年度の東京版では、三ツ星が13軒、二ツ星が51軒、一ツ星にいたってはなんと１５３軒。

いずれも「美食の都」を自認してきたパリより多い。おもしろいのは、あのプライドが高くて批判好きなフランス人が、この結果にほとんど異論を差しはさんでいないことである。もしパリがニューヨークに抜かれたのであれば、主要メディアを巻きこんで大騒ぎになるにちがいない。フランス人が唯一、敗北を認めるグルメ大国が日本である。

参考のために、国民の強い願望に押され、韓国政府がミシュラン社に資金提供して実現したというソウル版では、三ツ星が2軒、二ツ星が3件、一ツ星も19軒しかなかった。ソウル市民はこれでも満足しているようだが、東京とはまったく比較にならないし、京都とくらべても三分の一に満たない。おそらく韓国では東京版や京都版の結果じたいが報道されていない。この格差が報道されたら、かならず大事件になるからだ。

ソウルで三ツ星を受けた韓国料理店のオーナーが、「日帝時代に失われた伝統的な料理を再建したい」とインタビューに答えていた。食の世界にまで反日を持ちこむのが彼らのマナーのようだ。もちろん「朝鮮総督府が食べるものまで規制した」というのはデタラメだし、こんな考えをしているかぎり、ほんとうの食文化は育たない。「客の舌に合うものをつくる」という料理人の原則を忘れている。

これでもソウル版の評価は大甘だという人もいる。もし、正直に査定した結果、「三ツ星と二ツ星はなし、一ツ星が3軒です」なんてことになったら、それこそ光化門《こうかもん》で「キャンドル・デモ」が起き、トリコロール旗にくるまったムッシュ・ビバンダム（ミシュラン社のキャラクター）が引きずり回されるかもしれない。

ソウル版をつくるときに起こった議論の大半は、「どの店をどう評価するか」ではなく、**「何個の星をあげれば国民やメディアが納得するか」**だったのではないか。

パリやソウルの例をあげるまでもなく、よその国の食文化が逆立ちしても日本にかなわないのは疑いのない事実だろう。東京や京都には星のないレストランにもすばらしい店が無数にあるし、どんな地方に行ってもかならず土地の名店がある。食文化の土台が違う。**日本人の飲食に対するこだわりと執念は、私たち外国人から見て想像を絶する**ものだ。

飲食業の現場では、客の反応がダイレクトに返ってくる。とくにカウンターは戦場で、客の満足、あるいは失望と向きあいながら調理しなくてはならない。しかし日本人にとって、これほど打ってつけの仕事はないというのも事実で、客を満足させられなかったことが明日の反省材料になり、職人の貴重な経験になる。

謙虚な日本の料理人は、成功の理由を聞かれると、たいていの場合、「きびしいお客さんに育てていただきました」と答える。欧米の料理人のように「私の創意工夫と技術が客の舌を魅了しました」とは言わない。**客の反応を見ることで、みずからの成長や変化に活《い》かすことができる**と考えられるのが日本の料理人なのだ。

ラーメン業界のような激しい競争社会では、新旧の入れかわりも相当なスピードで起こっていて、「数カ月前に行った店がもうない」ということが珍しくない。きびしい競争を勝ち抜いた店しか残っていないから、どんどんレベルが高くなるのは当然だろう。

飲食業で起こっているような起業の精神や変化への渇望《かつぼう》の半分でも、他の産業にあれば、日本経済は劇的に飛躍するにちがいない。1時間待ちのラーメン屋の行列を見ながらそう思った。

最大の観光資源は、国民の資質

空前の日本旅行ブームが始まろうとしている。

観光庁の調査によると、日本を訪れた外国人の**9割以上が「たいへん満足した」もしくは「満足した」**と答えている。これは韓国人や中国人をふくめた数値だから、かなりの満足度といえるだろう。世界には一度訪れればもう十分という場所がほとんどだが、日本は深い魅力を持った国だからこそリピート率も高い。**アジア人は7~8割が、アメリカ人やオーストラリア人でも半数近くの観光客がリピーター**である。

そのリピーターたちが、次の訪問客を連れてくる。2016年の訪日外国人の数は、はじめて2400万人を突破した。これはタイと同じレベルである。国は2020年までに4000万人突破をめざしているそうだが、これはトルコのレベルにあたる。

日本は陸続きの隣国がなく、他のアジアの国とくらべても英語が通じる施設が圧倒的に少ない。にもかかわらず観光客が年々増えているのは奇跡だ。とくにこの1~2年の伸びがすごい。伸び率でいえば世界一。日本は観光後進国などではない。その価値が知られていなかったにすぎない。

日本観光の最大の魅力は国民の資質である。実際に日本を訪れた外国人の6割以上が、具体的な満足点として「人とのふれあい」をあげている。

これには、多くの日本人が意外に感じるようだ。なぜなら日本人の旅の目的は、名所、リゾート地、自然のビューポイント、ブランド品の本店などを見てまわり、もっと重要なのが訪問先で記念写真を撮ることだったりする。現地の人との身ぶり手ぶりをまじえた交流機会は少なく、あらかじめ日本語が通じる施設だけを利用して終わることも少なくない。**記憶よりも記録のため**といった感じなのである。

しかし、ほんとうの旅好きには**訪問国の空気を楽しむ**人が多い。たとえばシンガポールやドバイに行けば、究極の都市文明がある。無機質で極限まで整備された社会だ。また、近代化されていない土地に行けば、もっと純粋な人間らしさとふれあえる。これにはトラブルがつきもので、それも旅のおもしろいところなのだが、多くの日本人観光客が避けたいところでもある。

その国の空気をつくっているのは、住人の社会に対する意識だろう。これればかりは行政が指導してどうにかなるものではない。日本人だって京都を訪ねるときは、京都の街全体がつくりだす独特の空気を楽しんでいるのではないだろうか。寺社めぐりやグルメ、ショッピングだけが目的ではないと思う。

海外から日本に来る観光客にとっても、店舗などで日本式の接客を体験することが大きな楽しみとなる。なにしろ日本の客商売では**「お客様は神様」**なのだ。

一神教の文化で育った私からすれば、「そんなにたくさん神様がいるわけがない」のだけど、それはさておき、「客が最重要」という商人の哲学ですら、アメリカでは一般的ではない。商売というのは基本的には商品と代金を交換する行為であって、「商品の質がよければ、おのずと客はつく」という考え方が強い。

日本式サービスの真髄《しんずい》

学生時代、アメリカで家具屋のアルバイトをしていたとき、しつこく値切ってくる客がいた。すると家具屋の社長がひとこと。「わかりました。こうしましょう。お客さんにはもう買っていただかなくて結構です。どうぞほかの店で買ってください」。客はびっくりして帰ったきり、二度とウチの店には来なかった。

日本人にこの話をすると、「それは堂々とした社長だ。商売人として高いプライドを持っているからだろう」と感心された。その社長の人間性がすぐれていたことは私も認める。おそらく強い信念から自分の店にふさわしい客を選んだのだろう。私が驚いたのは、そういう接客を日本人が認めたことだった。彼は、「日本の商売人は意味のない愛想《あいそ》をふるまいすぎる」とも言った。

日本人は接客のことを「サービスする」と表現する。英語の［service］とほぼ同じ意味だが、日本語のサービスには、「お客様の側に立って親切丁寧に応対する」ことや、「一部を無償で提供する」「金額以上の内容がある」などの意味が新たに加えられている。

つまり**日本でいうサービスとは付加価値**のことだ。それがどんな客にも差別なく提供されることで、好意的な口コミを生みだす。サービスの質を工夫すればライバルと差別化でき、競争に勝つことができる。だからセルフサービスの店ですら、付加価値のサービスを提供するようになる。まさに革命的ビジネスモデルといえるだろう。

なかでも中国人の日本観光リピーターは、この日本式サービスのとりこになっている。中国は古くより上下関係の社会で、江戸時代の日本はその階級秩序にならった。現代の日本は平準化された社会になったが、共産主義をめざしたはずの中国が激しい階級社会のままである。

そのため中国社会では「地縁・血縁・金縁」を重視するのが常識で、すべての客は平等ではない。常連客や金持ちの客は、恐いくらい親切丁寧に応対される一方で、一度かぎりの客や貧乏人は適当にあしらわれる。

そんな客商売に慣らされてきた中国人が日本に来て、はじめて訪ねた店で「お客様は神様」という日本式サービスに接すれば、心を奪われて当然だろう。自分もなんだか**偉くなったような気がする**からだ。彼らほど特別あつかいされることを好む民族はない。

日本式のサービスにならう海外企業も増えている。しかし結局のところ、日本とのあいだにある壁を越えられない。中国にかぎらず海外で経営者が従業員にそれなりのサービスを求めようと思えば、給料もそのぶん多く支払わなければならない。高級店のような応対をさせたければ高級店のような待遇が必要となる。そうしないと人材が集まらない。

ところが日本では、近所のスーパーマーケットや町の大衆食堂でも親切丁寧な接客を受けられる。**日本人従業員はタダ同然で高付加価値のサービスを行なっている**ことになる。

これをできるのが国民の資質の違いだろう。

奉仕されるのがイヤな人は少ないだろうが、自分が無償の奉仕をする側に回るのは抵抗がある。日本はそれが当たり前のように実践される特殊な国なのだ。

「お客様は神様」が観光客を呼ぶ

少なくとも「日本人は自分たちに対して優越感を持って見下している」と信じてきた中国人や韓国人が、日本人店員の接客を体験したことで、おおいに自尊心をくすぐられる。「日本はすごい社会だ。母国とは違う」とあらためて実感させられる。この日本式サービスの快感は、本来の「欲しい商品を手に入れる」という目的以上に大きな動機となって、彼らを引きつけていく。

だから中国の金持ちは上海《しゃんはい》ディズニーランドには行かない。旅費をかけてでも、わざわざ東京ディズニーランドや大阪のＵＳＪに行く。上海ディズニーランドの中国人従業員も、アメリカのディズニーが構築したマニュアルやノウハウに従ってサービス向上に励《はげ》んでいるのだろうが、日本式のサービスを超えることは永遠に不可能だろう。

なにより客の側が、次元の高いサービスについていけないことも大きな問題だ。テーマパークの非日常的な空間は、提供する側だけがつくるものではなく、**客のふるまいや楽しみ方もふくめた全体の調和**によって生みだされるものだからである。

そもそも中国には、その場を共有するみんなが、力を合わせて最高の空気をつくろうとする文化がない。演劇舞台やピアノリサイタルのような小空間では可能かもしれないが、テーマパークのような大空間で、全員が調和を保つのは困難だ。

一部の客のマナー違反によって、場の空気は台なしになる。それを見た他の客にも悪い影響が連鎖していくし、制止しようとする従業員はついついつい、いつもどおり威圧的な態度になる。場の空気は壊れて、「やっぱりここは中国だ。日本とは違う」と残念な現実に引き戻されてしまう。そのくせ入場料は日本より高いので、違いのわかる中国人は母国のテーマパークには行かない。

日本人はこの空気づくりの達人だ。非日常的な空間の調和をつくりだすことくらいお手のものである。なぜなら日常的な空間でも、つねに調和を求められるのが日本の社会だからだ。日本人は、「いつもの調和のとれた日常的空間」「エンターテインメントなどで調和のとれた非日常的空間」「祭りのようなカオスがある非日常的空間」などを自由自在に演出できる。自分がいま、どのようにふるまうべきかを瞬時に判断して、その役割を簡単にこなしてしまう器用さを、たいていの日本人は持っている。

それには日本人の「和」の思想が作用している。「相手が何を求めているか」を先回りして考え、それをお互いが実行に移し、仲間としての信頼を確かめあうという文化である。それを阿吽《あうん》の呼吸でできるのは、日本社会に育つことで獲得する後天的能力である。**「自分が少しくらい気分を害されても、相手の気分がよければよい」という自己犠牲の精神**が根底にある。

これは残念ながらよい面ばかりではなく、後天的能力を獲得していないアメリカ帰りの帰国子女は、「空気が読めない」などと同級生にいじめられる。私は教会の関係でイジメの実例をたくさん知っているので、身近に帰国子女がいたら配慮してあげてほしい。

神様がモンスタークレーマーになる

セブンイレブンがアメリカで誕生したとき、「朝の7時から夜の11時までオープン」という意味を屋号にした。日本の若い人たちはそんなこと知らないだろう。いまの日本のコンビニは24時間営業が基本である。

客から見れば16時間営業より24時間営業のほうが便利なのは当然だが、深夜は昼間のように客が入るわけではない。店の立場からすれば、店員の確保の問題、人件費や光熱費の問題、流通の問題、防犯上の問題などが大きな負担となる。アメリカの田舎でこれをマネするのはムリだと思う。

日本の場合、コンビニが24時間営業を維持しているのは、**客の側に立った便利さを第一**に考えているからだ。ファミリーレストランや牛丼屋の24時間営業も同様である。日本国じゅう休みなく営業している。

デパートやスーパーマーケットも、年末年始に営業するのが当たり前のようになっているが、そんな日本もかつては年始の1週間くらい休業していた。それで大みそかは家族総出で食料品の買い出しに行き、年明けの開店日に福袋目当ての客が押しかけるという風習が生まれた。いまはコンビニは元旦でも営業しているし、デパートやレストランなど1月2日から買いものや外食が可能なので、おせち料理という保存食を用意する必要もなくなった。おせち同様、年末の買い出しも福袋も形だけの伝統行事である。

お客様が便利になったことで、しわ寄せが来るのは従業員である。とくに飲食チェーン店の店員は寝る間もなく、ひとりで店をきりもりした結果、身体を壊すという問題が起こった。いっとき話題になった**「ワンオペ」問題**である。「ワンパースン（ひとり）でオペレーション（作業）する」という意味だが、こういう和製英語を生みだす日本人の言葉に対する感覚には、いつも感心させられる。

余談はともかく、さすがの日本でも、24時間営業はもう止《や》めにしようという大手ファミレスが出てくるようになった。

アメリカ式サービスの中で青年期まで育った私も、いまでは日本式のサービスにすっかり慣れてしまっている。ちょっと店員がもたもたしていると、「早くしてくれないかな」と苛立《いらだ》つようになった。無償でやってもらっているサービスだとわかっていても、不満を持ってしまう。

日本式サービスの魔力は恐ろしいもので、客の要求はどんどん増長していく。客を**モンスタークレーマー**に変えてしまう力がある。

「私の時間をムダにしたな。私の5分は、キミたちコンビニ店員の5分とは違うんだ。いくらの価値があると思っているの？　もっと想像力を働かせろ」と怒っているおじさんを見た。なかには「お、おい、お客様は神様だろ！」と単刀直入《たんとうちょくにゅう》に怒っている年寄りもいた。思わず笑ってしまうようなレベルだが、そういう私も列の後ろで「アンタこそ早くしてくれないかな」とイラ立っているわけだ。

そんな強烈なクレーマーたちを前にしても、店員は平身低頭するばかり。もっとも、「私の5分はどれほどの価値か」と怒っていたおじさんも、自分の顧客の前ではペコペコしているのだろう。こうやってクレーム合戦、ペコペコ合戦をやりあって、最終的に**いちばん気の弱い人や立場の弱い人が圧迫されるというストレス社会**が成立する。こういった人たちの犠牲の上に、日本のサービス社会はなりたっているといえる。

いずれにせよ、繊細な心くばりの日本人でもやりきれないほどハイレベルな日本式サービスを、空気を読まない外国人がマネできるとは思えない。

一度、アメリカのマクドナルドで注文をしたとき、5分たっても食事が出てこないので、「どうかしましたか？」と聞いたら、「こっちも一生懸命にやっているから待ちなさい！」と店員に怒られたことがある。日米のこの違いはなんなんだ。

お金は天下の回りもの？

「金に汚い」が最悪の評価

日本人は積極的にお金の話をしたがらない。

企業経営者と経営の話をしようとすると、「それは、まぁいいじゃないですか」と、やんわり断られることがある。ところが個別の技術の話になると、まるで水を得た魚のように話がとまらない。「そっちは現場責任者に任せておいたら？」と苦言を述べたくなる。

経営の話をしたがらない経営者というのも困ったものだ。こちらは、「いくらの資金があったら、いくらもうかる」とか、「こういう問題が起こったら、いくらの損失になる」という話をしにきている。本題はお金の話になるのがフツウじゃないのか。

この話を別の日本人にしたところ、**「日本人というのはねぇ、あんまり利益の話ばかり**

すると、金に汚いやつだと思われるんで、それがイヤなんですよ」と解説してくれた。

たしかに日本人は**プライスレス［priceless］**という表現が好きである。「お金にはかえられない価値」という意味だ。経済的価値で表わされたとたん、興ざめする。「なーんだ、結局は金もうけの話じゃないですか」となる。日本人はほんとうにお金が嫌いなのか？

私は混乱した。80年代、アメリカ全土を席捲《せっけん》した日本経済の威力の源は、いったいなんだったのか。利益を上げたかったのではないのか。お金もうけをしたかったのではないのか。そういう感情や意志がないまま、あれだけの経済力をモノにしたというのか。

アメリカ人がもっとも嫌う他人からの評価は、「オマエは**アンフェア（不公平）**」と言われることだ。アンフェアのレッテルを貼られたら、マトモな仕事はできなくなる。

日本がアメリカとの交渉でムリを言われたら、「それはアンフェアですね。アメリカというのはもっとフェアな国だと信じていましたが」と応じてやればよい。向こうの担当者はすくなくとも「個人の理想」と「国益（あるいは会社の利益）という現実」とのあいだで思い悩むだろう。そこをついてやればいい。

日本人の仕事のしかた、利益のあげ方は、基本的にフェアだ。アメリカ人が日本人を信用する大きな理由もそこにある。ライバルと競って敗れても、相手がフェアであれば、あきらめがつく。日本人がアメリカ人を本音でどう思っているかはわからないが、アメリカ人が日本人とビジネスをやりつづけられるのは、日本人がフェアだからである。世界にはまったくアンフェアな連中が多い。

とはいえ、ビジネスの利益とは、知恵、努力、工夫、そして運がもたらした結果にすぎない。利益の上げ方に「フェアかアンフェアか」はあっても、**お金をもうけること、それじたいに色はついていない**はずではないか。

それと、実際に日本の一般庶民とつきあってみて気づいたことは、お金を右から左に動かして利益を上げる商売をどこかで軽蔑していることだ。だから貸金業者は低く見られている。銀行マンですらそうだ。ただ「日本銀行に勤務しています」と言ったら、「すごいですね」となる。官立《かんりつ》は別格だけど銀行マンを嫌う人がいるくらいだから、「投資ファンドで働いています」などと言ったら、ケモノを見るような目つきをされるだろう。

金もうけは得意なのに、投資ができない

ところが、じつはゲンキンなところがあるのが日本人である。

お寺や神社に対する信仰は、もちろん純粋なものもあるだろうが、基本的には**現世利益《げんせりやく》を祈願する対象**である。初詣《もうで》のお賽銭《さいせん》はすごい額になる。誰もみな家内安全、商売繁盛、受験合格、恋愛成就、結婚成就、病気快癒《かいゆ》、立身出世、武芸上達を願っている。なかには世界平和を祈る人もいるらしい。さすがに神社のご利益に「一獲千金」はないが、「宝くじに当たりますように」と書かれた絵馬は見たことがある。

その一方で**「今年も安らかな心でいられますように」と祈る日本人は少ない**だろう。

私が住む目黒《めぐろ》の町に大鳥《おおとり》神社という商売繁盛の神社がある。もとは火災よけのご利益だったのが、いつしか商売繁盛になった。

毎年この神社で11月に行なわれる酉《とり》の市《いち》には周辺から多くの参拝者が集まる。彼らは縁起物《えんぎもの》の熊手《くまで》を買っていく。それをオフィスや商店に飾るためだ。熊手にはさまざまな大きさがあり、大きいものほど値段も高い。高いものになると5万円もする。そして1万円以上のものが飛ぶように売れていく。

これには暗黙の決まりごとがある。その年に買う熊手は、昨年買ったものより小さくしてはいけない。昨年買ったものより小さな熊手を買うと、せっかくの運が逃げていくという。よくできたビジネスモデルではないか。

高額の熊手を見事な手法で売る神社。より高額の熊手を買ってまで商売繁盛を願う参拝者（見栄をはるためかもしれないが）。この人たちがお金に興味がないわけがないだろう。それなのにお金の話をしたがらないのはフシギでならない。

日本人の二重性というべきものかもしれない。もうかっている人は金持ちだと思われたくない。金持ちであることをひけらかす人は「成金」とバカにされる。お金があるのに質素な暮らしを続けて、ごっそり現金を残して亡くなる人が多い。倹約の美徳である。

その一方で貧乏であることも知られたくない。そういえば、今日食べるものを買うお金もないのに、誰からもお金を借りず、生活保護も受けずに餓死した人がいた。

ここまでお金のことでウワサされるのを避けて通ろうとする日本人は、逆にいえば、お金を強く意識しているためだからではないかと思っている。

日本人は商売の達人だ。これは間違いないが、せっかく手に入れたお金を運用するのはヘタである。とくに一般庶民に投資の発想は少ない。現金と土地以外は信用していない。しかし、現金や土地も目減りするということを教えてあげたい。

人から投資家と呼ばれることを嫌う日本人ではあるが、日本は世界でもトップクラスの投資国であり、世界一の債権国なのだ。個々の日本人にその自覚はないだろうが、たとえば銀行に預金をすることで、それが投資の資金になる。間接的に投資しているのだ。**日本人はこの投資によって、国内産業の勢いが減退しても豊かな暮らしを享受できている。**

世界でもっとも資本主義社会の恩恵を受けている国のひとつが日本なのだ。日本は資本主義社会の勝ち組なのだ。

だから「**この世の悪の根源はお金だ。日本人はいますぐ冷徹な資本主義と訣別《けつべつ》し、日本らしい平等社会を建てなおさなくてはならない**」などと言う人がいるが、とんでもない妄想である。多くの日本人がこういった口先だけの理屈に乗せられてしまっている。フェアな投資家とアブク銭ねらいの金融ゴロをいっしょにするような間違いこそ、いますぐ改めなくてはならない。

日本にはすぐれたことわざがある——「**お金は天下の回りもの**」。うまく回転させていくことによってのみ増えていく。ムダなものを買えと言っているのではない。お金を正しく使うことで、社会に役立ち、いずれ自分にも戻ってくる使い方があるということだ。

こういったことを学校でも教えるべきだろう。「投資なんかやる人の気がしれない」と頭から否定しているから、投資に免疫のない退職後の高齢者たちが、とつぜん舞いこんできたウマイ話にころりとダマされる。

捨てられない日本人

日本人は真のボランティアが何であるかを理解していないかもしれない。もっといえば**現代日本人はボランティア文化の価値を知らない。**江戸以前の日本では、金銭的に余裕のある人はお寺や神社に多額の寄進をした。その一部が地域の貧困問題を解消するのに役立っていた。一般庶民の子弟にも無償で提供された寺子屋《てらこや》教育は、学識のある僧侶や神官《しんかん》が行なっていた。この文化がいまはない。「僧侶や神官＝地域のインテリ層」という社会構造も完全に崩壊している。

かつてはあった喜捨《きしゃ》の精神が失われたことで、お金がダブついてしまう。ダブついたお

金を処分するだけで——もちろんゴミ箱へ捨てるのではなく、外に出せという意味である——それだけで社会は変わっていく。

ちょっと前に断捨離《だんしゃり》というライフスタイルがブームになった。身のまわりのものを捨てることで身も心も軽くなるということらしいが、部屋にある家具やら服やら本やらを全部捨てた結果、すっきりするどころか、「もう捨てるものがない」と悩む人がいるという。これでは自縄自《じじょうじ》縛《ばく》である。

断捨離をやるには、まずお金を捨てなくてはならない。定職や定住する場所も捨てなくてはならない。それが終わると最後に家族を捨てる。わが子さえ捨てるのだ。そうやって身ひとつになって自分と向きあえるという境地がほんとうの断捨離。ぬるま湯の中で生きてきた現代人がとてもできることではない。「捨てた家具や服を売ってお金になるから一石二鳥です」と言っている先生もいるから、あきれて開いた口がふさがらない。

もっと正しい意味でのボランティア精神を身につけなくてはならない。これには正しい意味での無償労働による奉仕がふくまれる。

東日本大震災の直後にはボランティアを希望する日本人が続出した。「できることなら、いますぐにでも駆けつけてお手伝いしたいのですが」と、ためらっている日本人がいたので、「行けばいいじゃないですか。ボランティアなら有給休暇もとりやすいでしょ」と答えると、その人は困り果てたように言った。

「いや、現地までの交通がねぇ。電車もバスも動いてないでしょ。都会暮らしなんで車を持ってないんです。何日間もレンタカーを借りると、費用がかかります。それに現地で泊まるところがないでしょう。野宿をするにもテントや食糧を買わなくてはいけません。**ボランティアをするにもお金がいるんですよ**」

私はびっくりした。欧米ではボランティアをする人がそのためにかかる費用を持つのは当然だからだ。食費や交通費が出るボランティアなんて聞いたことがない。もっとも費用の心配などそっちのけで駆けつけるような人でないと役に立たない。

テレビのチャリティ（慈善）番組が、日本人に誤ったボランティア観を植えつけるのにひと役かっている。

多額の募金を集めるのはよいことだが、テレビ局はチャリティ番組のスポンサーから集めた多額の広告料を寄付するわけではなさそうだ。出演者にはギャラを払うし、番組の制作スタッフも無償であるはずがない。これではチャリティをテーマにしたバラエティ番組だと批判されても反論できないだろう。

私が男声合唱団の一員として毎年参加するチャリティ・コンサートは、そのあたりの問題がすべて透明である。**会場は無料で使わせてもらう。観客から受けとったお金はすべて寄付する。参加する演奏者もバックヤードのスタッフも全員が無償どころか、最低1万円を寄付することが参加条件だ。交通費も出ない。**ちなみにこれも日本の活動団体である。この感覚が大部分の日本人にはない。

助け合いの思わぬ弊害

日本人が無償の行為の意味をはきちがえるのには、もうひとつの理由がある。

それは**思いやりの社会、他人の目を気にする社会が肥大してしまったために、相互扶助《そうごふじょ》の考え方がおかしな形でできあがってしまった**ことによる。

日本人は**「困ったときはお互いさまですから」**と言う。これには裏の意味がある。一方が他人からのほどこしを受けっぱなしにしてはいけない。**他人から親切を受けたら、何かの形でお返しをしなくてはならない。**相手が困っていなくても、感謝の言葉だけでは済まされないのである。

阪神・淡路大震災で支援を受けた人たちが、東日本大震災のときに多く駆けつけた。東日本大震災で支援を受けた人たちが、熊本地震の被害者を助けに駆けつける。取材を受けたボランティアの人たちは**「あのときお世話になりましたから、お返しがしたいのです」**と答えたと報道されていた。

ほんとうは「自分も同じ立場だったので、いても立ってもいられませんでした」と言ったのかもしれないが、日本のメディアは**助け合いの精神を美化して伝えたがる。**助け合いの「合い」には「お互いに」の意味がこめられている。むしろ代償つきの行動が美談になるのが日本社会なのだ。村社会の協同精神に支配されている。

キリスト教社会では、**「救いを求める人は、助けを受けなければならない」**という教えがある。もちろんみんながその教えどおりに動いていれば腐敗した社会にはならないはずだが、「無償の行為は見返りなしで一方的に行なわれるもの」という原則はある。すくなくともキリスト教系の宗教団体は無償の奉仕を実践している。

だから反日の韓国人が、「大震災のときにはあれだけ寄付してやったのに、日本に恩をアダで返された」と言っているのを見ると、情けなくて目をおおいたくなる。韓国民の約3割はキリスト教徒のはずだが、その3割の人々だけは「寄付してやったのに」という考え方をしていないことを望みたい。

日本の話に戻すと、実際に熊本地震の直後でも**「他人様の助けは借りない」**と支援を拒む人がいたそうだ。「一方的な支援を受けたら負担になる」からだという。

ところが同じ人が、国から出る特別給付金は受けとるかもしれない。これには大きな違和感をおぼえる。不測の事態にあった人は、国からの公的支援をアテにするのではなく、むしろ他人からの善意を喜んで受けとるほうがいい。

どうやら日本人は、**「個人間の奉仕は相互のものだが、国からの奉仕は一方的でいい」**と考えている。この考え方で海外に出ると、「日本は貧困国とその国民に一方的な支援をすべき」となる。しかし、国は国益に照らしてメリットのない支援をすべきでない。それをやるのは民間のボランティアである。

残業も社会文化？

「即決即断しなさい」「まずは行動に移せ」「巧遅《こうち》よりも拙速《せっそく》」――日本のビジネス書にはそういったことが書かれている。「現代社会はスピードが重要」ということを頭ではわかっているのに、いますぐ行動に移せない日本人は多い。

これまでの世界経済はゆっくりと動いてきた。拙速よりも巧遅を選ぶ日本人は、時間をかけてそれなりに最良の選択ができ、生き残ることができた。しかしこれからはそうならない。世界の変化、経済の変化はさらに急速化している。1日よけいに考えたら、1日ぶんとり残される。

一般的なビジネスマンの働き方もそうだ。あれだけ「残業をやめよう」と言ってきたのに、いまだになくならない。

ある紳士服販売大手がなくならない残業を撲滅するため、ユニークな制度を導入することに決めた。**残業をしない社員に手当を出す**というのだ。残業はできればやりたくないが、どことなく価値があるものと思われていた。しかしこの会社は、その反対側にある「残業をしない」に経済的価値を与えた。それによって残業の経済的価値を否定した。価値革命を起こしたのである。

無意味な残業に手当を支払うことは企業にとって経済的損失となる。残業を続ける社員にも健康面の影響が出る。さっさと会社を出て趣味に時間を費やしたり、家族との時間を増やすほうが人間らしい生活だろう。もっとも家族と顔を合わすのがイヤで、職場の気の合う仲間と過ごしたいという社員もいるから、そんな人に手当を出すのは損害以外の何ものでもない。

経済は高い水準を保っている。それなのに給料は上がらない。残業手当までなくなったら給料はさらに下がってしまう――そう悲観的に考える人が多いと思うが、発想を切りかえなくてはならない。

日本の企業は好調時にも、それに見合う給料を支払ってこなかった。いったんベースを上げてしまうと、年功序列制によって業績にかかわらず年々上げていかなくてはならない。しかもあまりに急速な経済成長だったので、春闘の季節まで待っていたら物価の上昇に給料が追いつかないという事態が起きた。それで本給部分を抑えたまま手当の部分を厚くしてきたというプロセスがある。

その結果、日本独特の非効率な給与体系ができあがってしまった。「残業をしない」「扶養家族がいない」「実家から通っている」「近距離から通勤している」という社員が少ない給料しか受けとれないのはアンフェアだ。それらの条件は企業の業績や個人の能力とは無関係だからだ。ちなみに交通費は所得税法上、10万円以内の場合に非課税となるので給料ではないと考えている人がいるが、社会保険制度上は交通費も給料にふくまれる。

当初からプラスアルファの部分を業績給にしておけば、こんな問題は起こらなかった。しかし、どこの企業も大きな利益を上げていたので、業績給という発想が生まれなかった。誰でも利益を上げられたので、貢献の度合いが測定できなかった。

日本人は集団の調和を守るために自己犠牲をはかる。それがプラスに作用するときは「Aさんがたいへんだから、私ががんばろう」となる。ところがマイナスに作用すると「Aさんが残業しているのに私だけ先に帰れない」となる。相対的な日本人の社会性は状況によってどちらにも転ぶのである。

給与体系をリセットすれば、前より受けとれない人と前より多く受けとれる人が出てくる。日本社会にとってこれは大問題だ。給与体系をリセットすることで給料の平均値が上がったとしても、多くの日本人は受けいれられない。**全体の経済的価値を上げていくことよりも全員の均質性を優先する**だろう。この国を世界の常識ではかることはできない。

しかし一部の働き者の社員について見れば、**集団のために個人を犠牲にするという彼らの性質に企業が依存している**という見方もできる。電通《でんつう》で新入社員が過労自殺に追いこまれた事件は、その典型例である。この異常事態は日本社会だから可能だった。これから先、外国人など異質な価値観の人が増えてきて、その人たちが訴えれば企業はかならず負ける。経営者は今後、そういった問題も想定しておかなくてはならない。

第4章
いまこそ日本の交渉力を見せろ

本土に伝わらない沖縄の事情

私と沖縄の接点

１９７５年７月から半年あまり沖縄に滞在した。この期間に開催された沖縄国際海洋博覧会でアメリカ館のガイドをするためだ。身分としては政府の臨時海外勤務職員である。大学の就職センターから私が通っていた日本語学科に案内があったとき、すぐに「これだ」と思った。仲間どうしで声をかけあって応募し、私をふくむ3人が合格した。

前から沖縄には強い関心があった。沖縄はいうまでもなく日米双方の歴史に残る激戦地である。3カ月の戦闘で多大な日本軍将兵と沖縄住民の被害を出したが、勝利した米軍も1万4千人の将兵を失った。そこにいま米軍基地と沖縄住民が共存している。海洋博が行なわれる3年前までこの島はアメリカ領だったし、ベトナム戦争のための前戦基地だった。

こんな特別な場所を、何も知らないような顔をしてアメリカ人の若者がうろうろしていたら、どんなあつかいを受けるかという不安がないわけではなかった。しかし、好奇心のほうが不安を上回ったのである。若いから決断できたのだろう。

実際に行ってみると、滞在した半年間、差別や迫害はまったくなかった。アメリカという国への不満を心の中でいだく人はいたにちがいないけど、私個人へのあからさまな敵対心には出会わなかった。日本の本土で接した日本人以上に、島の住人はみんな温和な人たちばかりだった。

滞在中、嘉手納《かでな》米軍航空基地の中の宿舎に住んだ。政府関係者として他の基地の施設も使えたので、沖縄米軍基地の実態をよく理解できた。私はその当時から普天間《ふてんま》米海兵隊航空基地を返還したほうがよいと言いはじめた。40年以上前のことだ。

同時に、多くの米軍関係者と交流することができた。彼らの民主主義に対する信念と忠誠心、極東における平和を守る強い責任感、そしてその高い士気と使命感に深く感銘を覚えた。あらためて世界中で軍人が尊敬されることに納得した。

海洋博の勤務は、3日間連続で働けば、6日間連続の休みをもらえたので、離島もふくめて沖縄の主な観光地は全部回った。とくに印象的だったのは、沖縄本島最北端の辺戸岬《へど》だった。そこへいたる道路は島の西側を走るもので、対向車が来るとお互いが譲りあわなくてはならないほど狭かった。帰りに東側に回ってみたが、砂利道《じゃりみち》しかなく、大変だった。

いま考えれば、これこそが最近話題になっている「北部訓練場」の地域だったのである。ジャングル戦を想定した訓練を行なうのにふさわしいことは理解できた。

半年あまりの勤務を終えて、沖縄、沖縄県民、そしてそこで勤務している米軍が大好きになって、大学に戻った。

1982年には、妹夫婦が沖縄に住んでいたので、家族で遊びに行った。妹の夫が陸軍で情報関係の勤務をしていて、歴史に深い関心を持つ学者タイプだった。ある日、朝から米軍が上陸した地点から、主な激戦地を順に回って、最後に沖縄本島最南端の平和祈念《きねん》公園を訪ねた。それまでの激戦の経緯をあらためて認識できた。これは沖縄を訪れる観光客で、とくに戦争を知らない、あるいは戦争について深く考えたことがない若い人におすすめのツアーだ。

1995年9月、海兵隊員らによる少女暴行事件があった。日本のメディアはここぞとばかりに米軍を批判した。その中で米軍関係者の発言を歪曲《わいきょく》して伝えたこともあって、米軍側は「メディアの取材を一切受けない」と宣言した。

当時の私は、いまでも続く長寿番組TBS「サンデーモーニング」のレギュラー出演者だった。その正月特番の企画で、レギュラー出演者各自がさまざまな取材を行ない、番組内で紹介することになった。私は沖縄の米軍基地を取材して、現状を紹介することを思いついた。詳しいことを『危険な沖縄　親日米国人のホンネ警告』（産経新聞出版）で書いたが、当時としては、唯一バランスのとれた公平な報道をすることに成功したように思う。

このようにして、私は長いあいだ沖縄とかかわってきた。しかし、大好きな沖縄の現状に非常に危機感を感じている。

沖縄の閉鎖性

沖縄のことをさらに知るようになると、その社会が閉鎖的だということもわかった。数十人の仲間うちで沖縄の経済界は支配されていて、外部からの侵入者に対し、容易には入れない壁をつくっていた。現地の顔役の紹介がないと、店舗の物件すら借りられなかったが、私が有名人だったからか、仲間に入れてもらうことができ、飲食店と洋服店の経営に挑戦してみた。

3年間頑張ったのだが、結局、長距離経営の難しさもあって撤退することになった。

外部の資本が沖縄で成功するのは難しい。ハンバーガーショップひとつをとっても、アメリカ領だった時代に現地で成功したA&Wが老舗なので、あとで内地から進出してきたマクドナルドは苦戦する。ビールの県内シェア1位はキリンやアサヒじゃなくてオリオン。琉球日産《りゅうきゅうにっさん》という自動車ディーラーがあるが、日産の資本は入っていない。ケンタッキー・フライドチキンも鶏肉から地元生産だ。スーパーマーケットは現地資本。全盛期のダイエーですらも苦戦して撤退した。いまや代表的な日本文化となったセブンイレブンが沖縄進出に挑戦するという報道を見たが、定着するだろうか。

40年間で内地資本が入りこめたのは、ほとんど観光業界だけだった。巨大な観光施設（ホテルなど）に必要な資本が、沖縄企業だけでは十分調達できなかったからだと思う。そして観光に来てくれるのは内地の人だから、そこでの宣伝力や営業力や知名度が必要ということだろう。開発が進むと、現地主導の観光施設が増えていく。

中国化する沖縄

独自路線を歩んでいるように見える沖縄だが、じつは知らないうちに中国の脅威にさらされている。中華人民共和国は正式に**「沖縄は日本領ではない」**と主張し、中国に編入する計画があることを発表している。中国は沖縄と日本を分断させて、自分の領土にしようとしている。しかも、これには翁長雄志《おながたけし》沖縄県知事、国連、日弁連《にちべんれん》が加担している。

あまり考えたくないが、安全保障面だけでなく、経済面でもすでに中国資本の猛烈な侵食を受けている。台湾や香港、韓国の団体を経由すれば、たとえ用心したところで、いくらでも入りこめる。一部の関係者は中国共産党の厚い接待を受けているかもしれない。こういったスキャンダルを疑ってかかるべきなのが地元メディアの仕事だと思うのだが。

しかし、現地の新聞大手2紙である沖縄タイムスと琉球新報は、連日虚偽の報道をしている。その結果、沖縄県民は正確な情報を知る権利が侵《おか》されているのだ。**この2紙を読んでいれば、沖縄県民は全員が基地の存在に反対していて、自分たちが日本人であることを**

否定していて、すぐにでも沖縄を中国に編入したいと考えているように見える。しかし、沖縄県民は、それほど愚かなわけがない。

日米安保も日中友好も重要？

沖縄で「沖縄県民大会」という反米基地大会が開かれたときに、ほんとうはそのほとんどの参加者が、全国から集まった左巻きの労働組合員だった。大半は沖縄県民ではなかった。その事実を知っているにもかかわらず、沖縄2紙だけではなく、本土のメディアは虚報を流した。日曜日の朝、TBSで放送される報道番組のキャスターは「沖縄県民の民意が固い」と言いきった。これは、取材能力のなさを象徴しているのか、それともTBS報道局の偏向性《へんこう》（反日・反米姿勢）を象徴しているのだろうか。

北部訓練場のヘリパッド移設への反対デモは、数々の違法行為がインターネットで報道されているが、日本の主要メディアはこれを報じようとしない。沖縄が大好きな私は、非常に不愉快だ。いち視聴者として、ウソではなく事実を伝えてほしいと思う。

沖縄県民は、自分たちのことをもちろん日本人だと思っているのだが、声が大きい人たちに被害者的な感情を煽《あお》られると、思わずそれに乗ってしまう人たちも出てしまう。

ただ遠く離れた島にいるので、心の奥底にある複雑な感情が日本の中央まで伝わりにくい。米軍基地問題はその嘆きが向けられたシンボルになっている。

平成27年に沖縄県の知事室が県民に対して行なったアンケートがあって、これがたいへん興味深いので、いくつか見てみよう。

まず基地問題だが、「沖縄の基地問題は本土の人に理解されていると思うか」という質問に対し、「あまり理解されていない」と「まったく理解されていない」をあわせて82・9パーセント。たいへん高い数値である。ただ、「基地問題への本土の人の理解は進んだか」という質問に対しては、「進んでいる」と「どちらかといえば進んでいる」をあわせて41・2パーセント。思ったより高い。「こんなところに沖縄県民のやさしさが表われている」とでもコメントすればよいのだろうか。

つぎに関係国への親近感。**アメリカに対しては、「親しみを感じる」と「どちらかといえば親しみを感じる」をあわせて55・5パーセント**。こちらは連日報道されている島内の「反米プロパガンダ」に洗脳されることなく、客観的な見方ができているとでもコメントすべきか。

一方の**中国に対しては、「親しみを感じる」と「どちらかといえば親しみを感じる」をあわせて、わずか10・3パーセント。**「どちらかといえば親しみを感じない」が33・2パーセント、「感じない」が54・9パーセントもいて、**本土の日本人が持つ対中国観と、ほとんど変わらない結果**だった。

そして、「日本と中国の友好関係に沖縄の果たす役割はどうあるべきか」の質問に対しては、「友好を図ってほしい」の回答が52・5パーセント。「日米安保条約は日本の平和と安全に役立っていると思うか」の質問に対しては、「役立っている」と「どちらかといえば役立っている」をあわせて56・8パーセントの回答。いずれも過半数に達しているが、同じような数値である。米・中の双方に対してバランスのよい意見だという見方ができるだろう。

つくられた沖縄庶民の本音

ここで疑問が生じる。**日米安保条約を支持する沖縄県民が56・8パーセントもいるので**

あれば、県内メディアが連日報道中の「米軍に圧迫される沖縄県民の悲劇」をどう解釈すればよいのか。もちろん、このアンケートを行なったのがどこかを考えなくてはならない。沖縄県知事室である。額面どおりに受けいれるわけにはいかない。

極めつけは、「日中両国は、尖閣《せんかく》諸島及び周辺の島々をめぐって対立が激化していますが、あなたは、日本と中国の間で軍事紛争が起こると思いますか」という設問だろう。**「（日中間の軍事紛争は）起こると思う」が24・3パーセント。**これもかなり少ない。**尖閣と目と鼻の先の場所に暮らしている人たちが、本土の住民ほどの危機も感じていないというのは異常**だ。

石垣島《いしがきじま》などの八重山《やえやま》地区では、行政トップも一部の現地メディアも、南西島嶼《とうしょ》をめぐる日中間の紛争に強い危機感をつのらせている。数年前までは石垣町も左派の町長が四選していたのだが、これを現実主義をとなえる候補が倒した。現市長は、前市長時代から続いていた反対運動を無視し、自衛隊基地の建設を受けいれた。地元メディアでは八重山日報が中国の脅威を正しく伝えている。

それに対し、沖縄本島は左巻きメディアに毒されすぎている。その後押しで左傾化した知事のもとで行なわれた県民アンケートだから、やはり信用できないのである。アンケートの質問にどうして**「沖縄は日本から独立すべきだと思いますか」**を入れなかったのか。県民の本音を知りたいのであれば、これにまさる質問はない。もっと穏やかに、**「あなたは日本国民であることに誇りを持っていますか」**でもよい。

大多数の沖縄住民は、「沖縄は日本のままでよい」と考えているはずだ。「琉球王国の再建」を声高に叫んでいるのは、ごく一部の人にすぎない。沖縄が日本から独立したら、米軍基地の代わりに中国人民解放軍の基地がやってくるだろう。そんなことは沖縄住民だってわかっている。しかし、その本音が伝えられることはない。

辺境の米軍施設で起こっていること

さて、沖縄北部の現状を検証してみよう。北部訓練場の部分的な返還に反対して、デモ隊は細い道を重機などでふさいで、軍関係者が陸地から入ってこれないようにした。施設内にデモ隊がむりやり入ってこようとして、もみあいになり、防衛省の職員がケガをしたこともあった。まさに無法地帯だった。

訓練兵をヘリコプターで運ぶためのヘリパッドが必要だが、このヘリパッドは返還予定地のほうにあった。それで今回返還しない側の敷地に移転しなくてはならなくなった。するとデモ隊は、**「ヘリパッドを新しくつくるんだったら、施設の新設、基地の拡大にあたる。よって部分返還は認めない。返還するんだったら全部返せ」**と主張する。

防衛省職員がケガをしたことで、一般のメディアではあいかわらず報道されなかったが、インターネットではこの件が大きく報道された。国が沖縄県警に被害届を出したのだ。民主党政権なら無視していたかもしれないが、実際に捜査の手が入って中央のメディア取材が入ってみると、デモ隊のメンバーに**本土から来たプロの活動家**が多数加わっていたことがはっきりした。

まず中核派がいる。在日韓国人もいる。ここまではまだわかるが、在日ではない生粋の韓国人もいる。中国人もいる。さらに驚いたことに白人もいるのだ。すこし前なら、もっとうまく「なりすまし」ができたのだろうが、人が集まらないのか、左巻きの組織が片っぱしから「動員」しているのが手にとるようにわかった。

おそらく韓国から来た「仲間」がハングルのプラカードをあげているから、その写真を見たときは「もうちょっとうまくやればいいのに」と笑ってしまった。こんな露骨《ろこつ》な人数合わせじゃ、一般的な日本人の同情は得られない。

北部訓練場のデモで防衛省職員にケガを負わせた人物は、「住所不定」となっていた。以前に普天間飛行場の移転先、キャンプ・シュワブでのデモ中に公務執行妨害で逮捕された人たちがいたが、そのうちのひとりは「住所不定」のプロの活動家、もうひとりは韓国から来た助っ人だった。**反対運動の「主力」は沖縄住民ではない。**

この一般にはほとんど知られていない事実を指摘すると、「沖縄県民をバカにしている」「沖縄ヘイトだ」などと言われる。しかし、沖縄県民をほんとうにバカにしているのは、このような事実を伝えようとしないメディアと、沖縄県を政治利用するプロ市民である。

基地反対デモのほんとうの目的

町中にある基地なら、そこの住民が反対デモをするのは理解できる。

「米軍基地ができたとき、周囲には家一軒なかった。住民はあとから来た人たち」と反論する人もいるけど、この見方はあんまりだと思う。家一軒もなかったのは、沖縄戦によって焼け野原になったからだ。本来そこに住むべき人たちが戻ってきたのだから、住民運動として成立する。私も、安全保障至上主義の前に、住民の生活がすべて犠牲になるべきだとまでは思っていない。

しかし、北部訓練場があるここは島の北のはずれ、しかもほとんど人のいない場所だからこそ、ジャングル戦用の訓練施設はつくられた。**なぜ、そんな辺境で「住民反対運動」が成立するのか。**

ひとつには、沖縄が**全国左派勢力の貴重な活動の場**になっているということだ。

もうひとつは、**土地を提供する地権者側の問題**である。日本国がお金を出して民間人から基地の用地を借りて米軍に提供している。つまり彼らは**国を借地人とする土地の所有者**だ。**二束三文《にそくさんもん》の土地は「一級の担保物件」となって、地権者たちは多額の融資を受けることができる。**

もし、基地用地の一部でも返還されたら、そのぶんの借金を返せと銀行にいわれる。しかし、たとえ一部でも大きな額だから簡単には返せない。もとは安価な土地なので売っても足しにならない。その資金を元手にほかの事業を展開した人にとっては、基地の返還は大きなダメージになる。事業が人手に渡ってしまうかもしれない。

興味深い話を地元の新聞記者から打ちあけられた。記者は「嘉手納基地は当分、戻ってこないですよ」という。


「なんで、そんなことがわかるんですか」

「地権者が国から基地の借地料を受けているのは知ってますよね。嘉手納基地は借地料の40年分を借りられるんです。つまり、40年間は戻ってこないということ。返還されそうなところだと、10年分くらいしか借りられませんから」


すったもんだのあげく北部訓練場の一部は返還されたが、翁長知事は返還記念式の出席をスルーした。**既得権益者の代理人である県知事がヘソを曲げている事実こそ、今回の基地返還が、彼の支持者やお仲間の利益にならないことの何よりの証拠**ではないか。

私は最近、夕刊フジの連載の中で、米国の元国連大使であるジョン・ボルトン氏が提案した米軍基地を沖縄から台湾に移す考えを書いた。案の定、ボルトン氏の提案に対して翁長知事らはまったくコメントしていない。あまりにもわかりやすい反応に苦笑した。

もし、**沖縄の米軍基地問題がすべて解決されたら、デモ隊の主催者はやることがなくなる。**プロの市民団体なので、稼働中の原子力発電所の前に活動の場を移す可能性が高い。

さて、沖縄問題をどうすればいいか。私が思うには、いままで日本および極東アジアの防衛をすべてアメリカに依存していた体制を改めなければならない。**いまこそ日本は米軍依存から自立して、対等な日米同盟を実施するべき時期**なのだ。

トランプ政権のマティス国防長官は、尖閣諸島は日米安保条約第5条の対象であり、有事の際はアメリカが守ると明言したが、本来は**日本が主体となって尖閣諸島を守り、アメリカがその後方支援をする**というのが正常な国防の体制である。だから、一日も早くこれを実現してもらいたい。

韓国には弱みを見せるな

嫉妬心だけが原動力

韓国人の民族性は「嫉妬深い」のひとことにつきる。他人の成功や繁栄がうらやましくて、妬《ねた》ましくてしかたがない。その反面、自分がその好運にあずかれたらいいなと考えている。同じことを行なっていても自分と他人で評価が正反対になる。彼ら自身もそうした国民性を認めていて、**「隣人がやれば不倫、私がやればロマンス」**という自虐的表現をよく用いる。

だから対馬《つしま》の仏像を盗んだことを棚にあげて、証拠もなしに「600年以上前に盗まれたものだから返さなくていい」と言いはれる。他国の人からすれば「頭がおかしいんじゃないか」と思うような屁理屈を平気で持ちだすことができる。おかしいと気づいたとしても、やめられない。やめると、自己批判をしなければならなくなるからだ。

韓国人が日本を批判するときに用いる言葉は、すべて自身を映しだす鏡にほかならない。

「日本人は醜い」「日本人は韓国の経済成長に嫉妬している」「日本は他国のマネで成功した」「ウソも100回つけば真実になるというのが日本人」「日本人は反省しない」「日本は歴史操作をする」「日本はアメリカの奴隷」「日本人は残酷だ」「日本人は差別主義者」「日本は泥棒国家」「いまの日本をつくったのは朝鮮だ」――。

こういった数ある彼らの誹謗中傷《ひぼうちゅうしょう》の「日本」と「韓国」をひっくりかえしてみるとよい。そのまま韓国人が自身に対して持つコンプレックスが浮かびあがってくる。

醜いのは韓国であり、日本の経済成長に嫉妬し、日本のマネをして、ウソを100回つくと真実になると思っているのは韓国人――彼らはそのことに理性で気づいてはいるが、感情として認めたくない。それで**「韓国もひどいが、これをもっとひどくしたのが日本」**

と、自分を責める代わりに日本を責めてきた。これまで韓国人のどんな誹謗中傷も受けいれてきた日本であれば、反論してくることはないからだ。

ところが予想外のことに、最近は日本人が反論するようになったので、韓国人の理性は完全に崩壊する。それでよけいに感情的になってしまった。自分をふって逃げる相手を一方的にストーカーしているうちはまだよかったが、その相手から堂々と「アンタ、おかしいんじゃないか。病院に行ったら?」と言い返されることで逆上するようなものだ。こうなるともう歯止めがきかない。マトモな精神状態ではなくなっている。

このタイプの相手に同情は厳禁だ。同情しても同情されたとは考えない。配慮を配慮とも思わない。**「相手に非があるので認めざるをえなかったのだ」**と考え、ウソを言っていても、「ほら見ろ。言ったとおりじゃないか」となる。そんな異常心理の人たちと交渉しても建設的な話にならないだろう。

さらに言えば、韓国の一般庶民にとってメインの敵は日本ではない。彼らの最大の敵は国内の特権階級である。**嫉妬心は身近なものに対するほど強くなる。**

朴槿恵《パククネ》大統領に対する退陣デモが100万人規模だったのを見てもわかるだろう。セウォル号沈没事故のときも、大韓航空の創業者一族の娘が「ナッツ・リターン事件」を起こしたときも国内のバッシングはすさまじいものだった。これにくらべたら、日本バッシングの規模はまだ小さい。慰安婦像の前でピケをはっているのは、せいぜい数十人である。

いわゆる「親日派」への敵意も、同じ韓国人に対する嫉妬心が原動力になっている。「母国を裏切り、歴史的敵国である日本と手を結んだことで個人的利得を得た」という批判のうち「個人的利得を得た」の部分に重点がある。「親日派」というのは後づけの理屈。濡《ぬ》れ手にアワの金もうけをしたという理由だけでは責められないので、「親日派」という過去のレッテルを利用したにすぎない。

誣告《ぶこく》罪（罪のない人をそれを知りながら告訴する罪）や偽証罪（裁判でウソの証言をする罪）の起訴数は、日本ではそれぞれ年間10件あるかどうかだが、韓国では数千件もある。他人をウソでおとしめる習性が身についている。それがお金を生むようなら、彼らにとっては最高のビジネスとなる。

海外の各地で慰安婦像を建てたり、ワシントンポストに反日広告をのせたりするのも、朴槿恵退陣デモを日本でやったり、セウォル号の被害者遺族が日本を訪問したりするのも、すべて同じ心理にもとづいている。

ようするに自分の気に入らない相手をおとしめたい。恥をかかせたい。カッコよく言えば一矢《いっし》を報いたい。その結果、**権力者や成功者が天から地に堕《お》ちるのを見ることができれば気分がいい**。ついでに金もうけもできたら、こんなにオイシイ商売は一生やめられない。

文明国の常識から言えば、彼らの思考や行動パターンは、見苦しくて恥ずかしくて軽蔑されるものだが、人間は比較を通じて学習するものだ。周囲の人がみんな同じような思考や行動であれば、彼らが自分自身の見苦しさに気づくことは永遠にない。

強いものに従う

歴史上、半島国家は大陸の強勢によって支配されてきた。大陸国家の動向に影響されつづけてきた。これに加え、対岸に強国が出現するとその影響も受けた。朝鮮は、中国やロシア、そして日本の強大な圧力のもとにおかれてきた。

M&Aがくりかえされ、何度もオーナーが変更になった会社の平取締役クラスをイメージすると理解しやすい。外から支配される運命の中で、**強いものには従う習性が身につい**た。こうして**表面的には支配を受けいれながら、内心で反発するという民族性**ができあがる。

朝鮮が清朝《しんちょう》による屈辱的な支配を受けたときには、**「朝鮮は正統な中華である明朝《みんちょう》の支配を受けた高等国である。明朝は滅んだが、われわれこそがその精神を受けつぐ小中華である。精神は高等なのに国力の弱い国だから、不本意ではあるが下等国である清朝の支配を受けざるをえない」**――そう考えることで、自分たちがおかれたみじめな立場をなぐさめた。

日本の支配を受けていたときも同様で、それは解放後の変わり身となって現われる。**「本来は高等国である朝鮮を苦しめた下等国・日本を許さない」**というゆがんだコンプレックスが生まれた。相手国の勢力が弱まると、自分たちが勝ったような気分になる。

朝鮮という国は、これをえんえんとくりかえしてきた。だから戦後になってできた韓国はアメリカに従ってきたが、中国が台頭してくると、乗りかえをはかろうとする。そうやって、つねにいちばん強い相手に従おうとする。「事大《じだい》主義」の属国DNAから逃れられないのが韓国だ。結局どっちつかずの「コウモリ」になって国際的な立場を弱めてしまった。いまや中国からも手のひら返しの嫌がらせを受けるハメになる。

わかりやすく言えば権威主義者である。自分たちでは決められない人たちだ。島国の住人で、本来は独立心の強い日本人が、彼らの心理を理解しようとしてもムリだろう。日本が彼らに対してとるべき態度はひとつしかない。強く出ることだ。

「いっしょにやりたいのであれば黙って従え。それがイヤならお好きにどうぞ。そのときはいくら困っていても手は貸さない」

これまでの日本の政権は韓国に対する同情心に動かされてきた。しかし彼らは同情されたとは思っていない。**「日本には絶対的な非がある。だから正しい私たちの言い分に従うしかない」**と考え、どんなムリを言っても通ると考えてきた。

世界的に見ても、日本ほど親切な宗主国はなかった。イギリスやオランダ、スペインなどの植民地政策を考えてみてほしい。血も涙もないものだ。ほとんどの旧植民地国はいまも旧宗主国を心の底から嫌っている。しかし、台湾の民衆は日本に強い反発心を持っていない。それどころか台湾は世界一の親日国である。その台湾よりも当時の朝鮮は丁重にあつかわれていた。韓国だけが、韓国人だけが異常なのだ。

彼らの一方的な被害者意識を否定するには「**日本に非はない**」ということを相手にわからせるしかない。やさしすぎるからナメられる。「それがわからなければ絶交だ。なんでもいいから、まずは盗んだ仏像を返せよ」ということだ。

法秩序のない国

韓国がここまで反日をこじらせたのは、民主国家になったからだ。韓国に民主主義というものが現われたのは、ほんの20数年前である。それまでは他国の影響下にあるか、独裁国家だった。軍事政権の盧泰愚《ノテウ》時代に国民の反発を抑えるための民主化を進めたが、このときから反日が本格化している。政権批判が可能になったことで、政権が国民のはけ口を日本に向けたのだった。

それまでの軍事政権は、「日本から受けた被害」を対日の交渉カードとして利用してきた。反日が生まれる前は「用日《ようにち》(日本を利用する)」だった。被害国という主張をちらつかせては日本から無数の経済的援助や技術協力を引きだしてきた。これで韓国は繁栄できた。

一方で韓国の一般民衆は、待望の民主主義社会というものを手に入れたことで、自由の意味をはきちがえて暴走するようになった。とくに民族のプライドを傷つけられたときには理性が働かなくなる。

どこの国でも、民主主義への理解が足りない人々は、直接民主主義を志向する。具体的には、選挙結果よりもデモ活動で世の中を動かそうとする。そのうえ、何ごとにも抑制的な日本人と正反対で、韓国人は人前で感情を爆発させることに躊躇《ちゅうちょ》がない。それは中途半端な民主社会、極度のポピュリズムの社会だ。こうなるともう「用日」の政策は使えない。**国民が未成熟なまま民族主義を肥大させたことで、韓国はかえって国益をそこねる**結果となってしまった。

加盟国間の貿易不均衡を調整する国際機関にＷＴＯ(世界貿易機関)がある。その上訴《じょうそ》機構裁判官のひとりだった韓国人が再任命されないという異例があった。通常は４年の任期を2回つとめるらしいが1期4年でクビになったのだ。この韓国人は母国のインタビュー記事で、再任命されなかったのはアメリカの反対があったからだと明かしている。

WTOは韓国がらみの裁判を4件かかえていた。このうちの2件はアメリカとの貿易摩《ま》擦《さつ》で、残りの2件は日本との貿易摩擦に関するものだった。

いずれも相手国が韓国の不正を訴えていたが、この元裁判官は、一方の当事国（日本やアメリカ）が裁判を有利に進めるために、もう一方の当事国（韓国）出身の自分をクビにするよう圧力をかけたと主張している。彼はこのインタビューで次のようなコメントをしていた。

「（私自身は母国の）国益に合わせて判決しているわけではないが、輸出依存度の高い韓国としては自国出身裁判官がいるということに意味がある……**われわれの国益に大きな影響を与えることができる職**で『4年前、**困難の末にこの席を勝ちとった**のにこのようにして簡単に手放してもいいものか』という考えに心が痛んだ」

衝撃的な発言だ。率直に言って、「**私が裁判官でいられたら、韓国に有利な判決ができたかもしれない**」と白状しているようなものである。国際機関の裁判官としての自覚がないのだからクビは当然だろう。この不正を擁護する記事を書いたのは韓国の大手紙・中央日報だから二度驚く。彼らはＷＴＯの存在意義と、法による秩序や裁判とは何なのかを理解できてない。

「国連や国際社会に正義などない。エゴとエゴのぶつかりあいの場だ」という話をした。それは国連や国際社会が、共通の法秩序を持たない集まりだからである。

しかしＷＴＯはそれとは違って、はっきりと法の支配がある組織なのだ。そもそも裁判があるのだから法秩序が最上位にあるのは明らかだ（国連は拘束力のない決議のみ）。**どの国もそこに属する以上はその法秩序に従わなければならない**。だから北朝鮮はＷＴＯに参加していないし、スーダンやソマリアなども正式参加していない。国連とは違って比較的マトモな国だけの集まりともいえる。

ところがこの韓国人元裁判官は、「裁判官出身国の国益が判決に影響する余地がある」と言ったのだ。法秩序を根底から否定している。こんな見識の低い人がよく裁判官になれたものだ。それに彼が国益と称するものも、長い目で見れば真の国益とはならない。**「韓国人は信用できない」**という見方を世界に宣伝するだけだからだ。

法的なものの見方が極端にできないのが韓国社会なのだ。かといって日本社会のように、社会から生まれる自律的な秩序があるわけでもない。国際社会の常識では、国家間で決めた条約や合意は国内法より上位にあるものだが、韓国は平気で一方的に無効とする。**「民主国家だから法律より国民の意見や感情が優先するのは当然」**となる。

それが、いわゆる**「国民情緒法」**と揶揄されるものだ。時代時代で揺れ動く国民感情が、韓国の国内法はおろか、憲法や国際条約よりも優先されてしまう。だから、日本との法的な拘束力のある約束を数多く無効化しても悪びれないし、恥だと思わない。ようするに、韓国は法治国家ではない。

それに**「日本は植民地時代のことをドイツのように謝罪せよ」**と、ことあるごとに言ってくるのだが、ドイツは旧植民地国に謝罪したことなど一度もない。歴史上、旧宗主国として旧植民地国（実際には併合だが）に謝罪したのは日本だけである。

「日本は韓国民に対する戦争犯罪を謝罪せよ」というのも大間違いだ。日本と朝鮮は一度も戦争していない。朝鮮民族は大日本帝国軍のもと、いっしょになって戦った。通州《つうしゅう》事件で中国人に虐殺された日本人のうち半数近くは「朝鮮系日本人」だったし、戦後も多くの「朝鮮系日本人」が「戦犯」として処罰されている。

こんな基本的なことも理解できていない。

慰安婦問題は永遠に解決しない

ものごとを自分中心にしか考えられないのが韓国人である。だから、とんでもない不正や恥ずべき不法行為を平気でやれてしまう。自己弁護の歴史がそれを可能にしてきた。なんでも都合よく考える国民性だから、母国がいまだ北朝鮮と休戦中で、いつ戦争が再開するかもわからないという基本的な事実すら忘れてしまっている。「韓国のほんとうの敵は、北朝鮮ではなく日本だ」と本気で考える韓国人もいる。

韓国の民主化で起こった最大の危機は、北朝鮮や中国共産党のスパイが大量に潜《もぐ》りこみ、その影響力が国のいたるところにおよんだことだろう。いまやメディアや政権内部にもその毒が回っている。自由に発言できる社会ができたことで、声の大きい人、情に訴えることのできる人が発言権を増していく。やがて頭の悪い人や感情的な人たちから、それが謀略だと気づくことなく扇動され、最後は多数派を占めるようになる。人治社会の弊害といえる。

だから慰安婦問題も永遠に解決しない。そもそも彼らは、**日韓のあいだの問題が無事に解決することなど望んでいない**のだ。竹島《たけしま》の問題、旭日旗の問題、日本海を東海に変えろという問題、どれも根っこが同じだから、慰安婦問題が収束しても今度は日本占領時代の戦時《せんじ》徴用《ちょうよう》の問題が出てくる。韓国の日本叩きは、形が変わってもなくなることはない。

なぜなら、北朝鮮の支援を受けた団体が陰で世論操作をしているからだ。北朝鮮政権の目的は、日韓のあいだに決定的なヒビを入れることである。韓国が日本から切り捨てられたら、その経済も失速することを知っている。

そもそも北朝鮮は、日本やアメリカをどれほど意識しているのだろうか。「日帝」「米帝」と罵《ののし》っているのも口先だけで、最初から眼中にないのではないか。**彼らの頭の中の9割9分を、韓国への嫉妬心が占めていたとしても私は驚かない**。

かつて朝日新聞が「地上の楽園」とほめ称《たた》えた北朝鮮は、終戦直後は韓国より繁栄していた。併合時代の日本が、半島の北部を工業地帯に、南部を農業地帯にする政策をとったからである。ところが1966年以降、韓国は日本の資金や技術協力を得て、その結果世界のベスト10に入るほどの経済的繁栄を享受するようになった。北朝鮮はこれが腹立たしくてしかたがない。なんとかして引きずりおろそうと画策するのではないか。

とはいえ正面から軍事攻撃をしかけるわけにはいかない。そんなことしたら世界最強の在日米軍と在韓米軍にこっぱ微塵《みじん》にされておしまいだ。**戦争をせずに韓国の評判を落とすいちばん簡単な方法は情報戦**である。韓国世論の反日・反米を高め、あきれた日本やアメリカに切り捨てられるというシナリオを描いているのだろう。沖縄でもまったく同じ工作が行なわれているが、北朝鮮のバックには中国がいる。

近年の日本の「嫌韓」をいちばん喜んでいるのは北朝鮮と中国だ。絶望的なのは、韓国人が進んで狡猾《こうかつ》な敵国のワナにはまっていることだろう。

韓国は戦争中の国である。フツウなら危なっかしくて投資なんかできない。それでも外資が集まって、外国が貿易関係を維持してくれるのは、アメリカ軍が安全保障をして、日本が経済的な支持をしているからだ。それらの担保があってはじめて韓国はフツウの国のような顔をしていられる。問題は日米のガマンがいつまで続くかということだ。

中国は絶対に信用するな

中国人と国家としての中国は別物

私は中国人が嫌いではない。個人的につきあってみるとユニークな人材が多い。アメリカ社会を支えている中国系エリートも多くいる。「がさつで、公共心が低い」というのが一般的な日本人の中国人観だが、アメリカ本土に移民してくる中南米出身の人たちを見なれたアメリカ人からすると、日本人がフツウだと考える公共心の水準が高すぎるのだ。

偏狭《へんきょう》な民族主義者・共産党至上主義者がいる一方で、あの恐怖の独裁政権の中にあってもなお、戦いつづける勇敢な人がいるのも中国人なのだ。**ひとくちに中国人といっても多様**である。あれだけの国土と人口、多数の民族に加えて、地域社会の多様性があるのだから、中国人にも多様性があって当然だろう。

それに**大部分の中国人はわが国家を信用していない**。彼らの過酷な生存競争の歴史を考えれば、それも理解できる。多くの王朝が生まれては倒され、同じ王朝でも支配者が変われば状況は一変する。だから現在の反日・反米的な態度をとる習近平《しゅうきんぺい》政権はもちろん、中国共産党が支配する王朝ですら一過性のものと見なされる。

実際に香港人は民族的に中国人の一部であるが、自分たちは本土の中国人とはまったく別個の存在だと考えている。国家としての中華人民共和国に対する愛着はみじんもない。香港人にかぎらず、**中国人は総じて愛国心が薄い**。もちろん自分のルーツがある地域には特別の思いを寄せているが、他国民のように愛郷心が愛国心へとつながっていかない。中国は世界でもっとも個人主義が発達した国ともいえる。

逆に共産党政権に対する国内の反発心は年々高まっている。13億6千万人を超える中国人のうち共産党員は1億人に満たない。彼ら一部の特権階級が国を牛耳《ぎゅうじ》っている状況に不満が高まっている。

だから中国より日本のことが好きな中国人もたくさんいる。「日本を好意的に見る中国人は10数パーセント」という数字は操作されているのではないかと思う。公表したのは外国の機関でも、外国人がじかに中国国内でアンケートを集めるのは難しいだろう。中国の機関に委託したのであれば正確なデータが受けられるはずがない。

共産党政権からすれば、わが国民をなるべく日本から遠ざけたい。日本文化が中国国民に与える影響の大きさを恐れている。しかし**中国国民は日本文化にますます夢中になっている。**

アニメ映画「君の名は。」の中国での興行収入は公開後16日間で90億円を突破した。日本で100億円を突破したのは28日後だから、どれほど人気が高いかがわかるだろう。

中国はTHAAD《サード》の配備で裏切った韓国に強烈なしっぺ返しを食らわせている。韓国への渡航や韓流ドラマの放送は制限され、K-popアーティストのコンサート活動は禁止され、韓国人選手のためにあったサッカー中国リーグのアジア人枠は撤廃された。

ところが日本文化の輸入は制限していない。日本への渡航も禁止していない。日本とはそのうち和解したいと考えているからかもしれないが、それより**日本文化を禁止することで混乱が起きるのを恐れているから**と見るのが自然だろう。とくに若い国民から大きな反発をまねくおそれがある。それが政権崩壊の糸口になるのを恐れている。

それくらい日本文化は現代中国人にとってなくてはならないものとなっている。なくなっても構わない韓国文化とは違うのだ。

中国人もインターネットによって真の情報をあるていど知ることとなった。政府が抑えようとすればするほど漏《も》れてくる。日本は彼らにどんどん日本のありのままの姿を知らせていくだけでよい。彼らは欧米人以上に本物の情報に飢《う》えている。乾いた砂が水を吸うように日本発の情報を吸収していくだろう。

重要なのは、個人の中国人に好意的な印象を持ったからといって、そのことですぐに中国という国家を信用してはならないということだ。中国人と中国共産党の独裁国家はまったく別個のものである。**本来中国人は自己中心的に見えるほど自由な民族だが、一方の中華人民共和国は自由を認めない強権国家**である。国民と国家は水と油の関係にあたる。

尖閣紛争はかならず起こる

代々の中国共産党政権がもっとも恐れてきたのは、アメリカでも日本でもロシアでもインドでもなく、国内世論である。１９８９年の天安門《てんあんもん》事件で見せた暴力性、その後の容赦《ようしゃ》ない言論弾圧には理由がある。これまでの中国の王朝はことごとく民衆の蜂起《ほうき》を契機とする内乱によって崩壊した。元（モンゴル族）や清（満洲女真族《じょしんぞく》）といった漢民族以外の王朝ができたのも、民衆の内乱によって政権の権力が弱体化したからだ。全国10数億人の一般民衆がいっせいに立ちあがったら、中央政府なんてひとたまりもない。

中国は国民に対して日本のことを「恐ろしい仇敵《きゅうてき》」と認識させることで、敵意が国内に向くことから目をそらしている。「8年間の日本との戦争で国土を守りぬくことができたのは共産党軍のふんばりによる。その戦いを通して、われわれが得たのは日本人の恐ろしさだ。十分に用心しなくてはならない」というウソの歴史観を垂れ流している。

だから抗日《こうにち》映画やドラマで、日本兵がいとも簡単に退治される描写があると、当局が「日本軍を甘く見てはならない」と制限を加えているという。当の一般庶民は、日本軍と戦ったのは共産党軍ではなく国民党軍だということを知っている。共産党は戦場から遠く離れた延安《えんあん》に引きこもっていたのだから、ダマされたフリをするのも大変だ。

共産党政府中国の立場から見れば、国民の目をそらしたいといっても、ロシアやインドといった「地政学上の敵（ほんとうの敵）」と戦うわけにはいかない。経済的に関係の密接なアメリカとやりあうこともできない。これをやったら中国はまちがいなく自壊する。また大国のプライドから、「表面上の身内」である台湾を攻めるわけにもいかない。するとケンカを売れるのは日本と韓国しか残っていない。

彼らが日本を物理的に攻撃する場合は、尖閣諸島しかない。米軍基地のある場所は攻撃できない。これをやったら米軍は日米安保の解釈を待たずに即刻参戦するだろう。日本が沖縄の米軍基地を全廃できない理由はそこにある。

それが尖閣諸島であればアメリカは静観してくれるかもしれない。中国軍は一瞬だけ占領しておいて、「本島の帰属は国際世論に決定をゆだねる」などとデマカセを言って、米軍が動きだす前にさっさと引きあげてもいい。自国利益第一主義をかかげるトランプ政権期は、中国にとって絶好のチャンスだと考えていたはずだ。

ところが、マティス国防長官は就任早々、韓国と日本を最初の訪問地に選んで、韓国でのTHAAD配備と日本の尖閣諸島が米軍の国防義務がおよぶ範囲だと明言した。北京政府は思ってもいなかったにちがいない。さらに日米首脳会談では、この路線が確認された。

しかし、中国が尖閣諸島をあきらめることはないだろう。日本が全面戦争に巻きこまれることは当分ないかもしれないが、**島嶼紛争は明日起こってもフシギではない**。日本人はすべての戦争行為を「平和に対抗する絶対悪」と信じこんでいるが、**「島嶼紛争くらいなら強度の外交手段の範疇にふくまれる」**と考える国があることを知らない。

まだ生まれていなかった読者もいるかもしれないが、私は1982年の**フォークランド紛争**を思いだす。アルゼンチン沖にあるフォークランド諸島はイギリス領だが、古くよりこの島嶼の領有を主張していたアルゼンチンがある日、民間人をよそおった海兵隊員を上陸させた。イギリスの抗議をアルゼンチンが拒否したことで最初の戦闘が始まる。紛争は3カ月間におよび、両国軍あわせて3000人近くの死傷者を出した。

問題はこの戦争がなぜ起こったかである。当時のアルゼンチンは軍事政権が続いていて、自国民に対する弾圧が行なわれ、政権に対する国民の不満が高まっていた。軍人である大統領は、圧倒的な外交的勝利をおさめれば国民の信用を得られるのではないかと考える。それが「領土奪還」の戦争に勝利することだった。

結局失敗して大統領は失脚、軍事法廷で有罪を宣告されるが、フォークランド紛争の例は、島嶼紛争レベルのものであれば**「相手国の内政事情によって起こりうる」**ということを示している。中国も内政的な事情でいつなんどき尖閣諸島を襲うかもしれない。そもそも日本には、韓国に竹島を奪われた悲しい過去がある。

国家的戦略とビジネス

中国と韓国の反日をリードしてきたのは、日本国内の自称「市民派」、自称「知識人」たちだ。中韓は、彼らが探しだしてきた材料、つくりあげてきたネタを使って反日活動をくりかえしている。新資料の発見はほとんどない。だから中国の南京《なんきん》大虐殺記念館には「本《ほん》多《だ》勝一《かついち》先生コーナー」があって、この偉大な日本人の著作が展示されている。

ただたんに、**日本に恥をかかせて気分よくなりたいだけの韓国人とは異なり、中国共産党政権の日本批判は戦略的**である。彼らの本音を言えば、南京大虐殺の真実なんてどうでもよい。批判する側に立って日本をコントロールしたいだけである。自分たちの側に交渉のカードがあることを示したいのだ。その証拠に、いったん強い友好関係が築ければ、批判はパタッとなくなる（それはそれで恐ろしいのだが）。

「日本国民は平和友好的だが、政府が悪徳。日本の政権が替われば中日関係は好転する」

中国がひんぱんに用いるこの論法は、日本の左派運動家が持ちこんだものだ。そうやって日本国民には罪がないと何度も言ってきた。

これはアメリカが日本占領時に行なった、ＷＧＩＰとまったく同じ洗脳手法である。

「かつての日本国民は軍国主義者にまんまと利用されて戦争の道を選び、他国民に大きな被害を与えた。末端の国民に罪はないとはいえ、結果として軍事政権を生みだしたのは事実である。同じ悲劇を二度と起こさぬよう、日本国民はいっそう強く平和を希求《ききゅう》し、**政治の右傾化に対する監視**を続けなくてはならない」

一部の日本人はいまもそう信じている。「アベ政治を許さない」運動はこの洗脳を逆手にとったプロパガンダの一環として行なわれている。国益第一主義（ジャパン・ファースト）

の政権が日本に現われようとすると、「ジャパン・ファースト=右傾化」というトンデモ**論**をもとに全力でつぶしにかかる。

最初のころは純粋な信念から過去の日本の間違いを指摘しようとしたかもしれないが、いまでは**反日運動でメシを食べている人**が多くいる。

韓国の例をあげると、あの慰安婦像を制作している彫刻家は大もうけである。グッズもいっぱい出ている。慰安婦問題を世界に広める民間団体には北朝鮮から資金が流れている。反日ビジネスに手を染めたら、もうやめられない。貯金を切り崩しながら正義や真実を求めて運動しているわけではない。

日本国内の反日運動も同じようなことがいえる。

信念として日本の過去の問題と向きあっている人もいると思う。それなら感情論だけでなく、説得力のある証拠を出してほしいとは思うが、とやかく言うつもりはない。個人の見方や考え方を一方的に抑圧する社会は恐ろしいと思うからだ。しかし、外国の利得と迎合するために自国の利益をおとしめているのであれば、見過ごすわけにはいかない。完全な利敵《りてき》行為であり、卑怯《ひきょう》極まりないからだ。

人としての信念でやっている人と、打算でやっている人を見分ける方法がある。それは**複合的な見方ができているか**だ。

旧日本軍の慰安婦問題を批判している人が、同時に朝鮮戦争時の国連軍慰安婦やベトナム戦争時の米軍・韓国軍慰安婦の問題、韓国軍の現地女性への性暴力の問題を糾弾《きゅうだん》しているかどうか。

南京大虐殺の問題を宣伝している人が、同時に中国人民解放軍によるチベットやウイグルなどでの虐殺行為や天安門事件をとりあげているかどうか。

これをやらずに旧日本軍慰安婦や南京大虐殺の話しかしない人がいたら、その人は人権のために戦っているのではない。打算的な政治的動機によって動かされている。信念につき動かされた本物の人権運動家であれば、一方の国の問題しかとりあげないなどということは絶対にありえない。それを考えると、世の中に本物がいかに少ないかがわかるはずだ。

アメリカは信用できる？

日米の理想的な関係

アメリカの歴史上、戦争においても、経済戦においても、アメリカを心底本気にさせたのは日本だけだった。多くのアメリカ人にとって日本は「特別な外国」だ。米軍基地問題や原爆投下の問題について**「しょせんアイツらは東洋人を差別しているから」**と論じて終わりにする人がいるが、アメリカ人のひとりとして、その見方は短絡的であることを最初に強調しておこう。

というのは、アメリカも日本に負けず劣らずユニークな国で、基本はいまも「西部劇の国」だからだ。

ケンカをした相手とは「なかなかやるな。今回はオレが勝ったかもしれないが、オマエのパンチも相当なものだったよ」と健闘を称えあい、「強い二人が争うのはよくない。これからはよき親友としてやっていこう」といって仲間になるのが、アメリカ人の理想とする関係である。強いライバルには素直に敬意をいだく。そう考えると日本はアメリカにとって最高のライバルであり、最上の親友であることも理解できるだろう。

しかしそれは同時に、「いつかオレがやられるかもしれない」という不安と恐怖が背中合わせにあることも意味する。いったん仲間になった相手の裏切りを恐れるあまり、根本にある敬意と、不安と恐怖から来る猜疑心《さいぎしん》が交互に現われる。考えようによっては面倒くさいが、**最後は合理的判断よりも仲間意識を優先させる**こともあるのが、アメリカという国の特質だということをまず頭に入れておいてほしい。

2016年末に真珠湾を訪問した安倍首相は、攻撃の犠牲となった戦艦アリゾナの記念館や太平洋記念墓地のほか、ほとんど報道されなかったが、飯田房太《いいだふさた》という**大日本帝国海軍パイロットの慰霊碑**も訪ねている。

飯田は真珠湾攻撃中に戦死したが、この慰霊碑を建てたのはアメリカ軍である。彼の操縦する零式艦《れいしきかんじょう》上戦闘機は真珠湾基地の格納庫に突入して大きな被害を与えると、みずからも炎上した。いわば、元祖「神風特攻」である。その一部始終を見ていたアメリカ軍人が報告し、飯田の勇敢さがたたえられ、遺骸は丁重にあつかわれた。

敵国軍人のあいだに生まれる純粋な敬意を、左翼思想に染まった日本人や反日外国人が理解するのは難しいだろう。大多数の日本人がこの種の敬意を理解できるものと信じている。**基本的な感覚の共有があってこそ二国間の友好関係はいっそう強固になる。それがなければ、ただの利害関係でしかない。**

だから日本も、アメリカに不満や疑問を感じたときは、親友として「**最近オマエがやっていることはちょっとおかしい**」と正面から堂々と指摘してほしい。本気でぶつかってくれる相手だけが真の友人だ。最重要の同盟国とはいっても、協力したくない戦争には協力する必要もないし、親友なら他の方法を探すよう助言もできるはずだ。

これからは従米路線を愚直に守る必要はない。強い両国による対等な交友関係を築いていくのみだ。だから日本は、中国や韓国のような、いやらしい神経消耗戦で足をすくうようなやり方だけは絶対にやめるべきだ。

私に向けられた批判

アメリカで『**キリング・ザ・ライジング・サン**』という本がベストセラーになっている。日本人はこの本にある「原爆肯定」の記述が気になっている。

かくいう私も原爆投下について、完全否定論者ではない。この話をすると、いつもたいへんなバッシングを受ける。以前こんな手紙をもらった。

「ギルバートさんの本は何冊も読み、ブログの文章も拝見してきました。これまではあなたのことを、日本をよく知るすぐれた論客のひとりだと考えていたのです。ところが先日、『アメリカが原爆投下を選択したことを完全には批判的に見ない』という趣旨のあなたのコメントを見て、まったく驚愕《きょうがく》させられました。『この人もしょせん保守的なアメリカ人なのだ』というのが、いまの私の偽《いつわ》らざる心境です。**もう二度とあなたの本やブログを見ることもないでしょう**」

この人は何かカン違いをされているようだ。日本人は一般的に、人格面からその意見のよし悪しを判断する傾向がある。すぐに**「あの人はどこか気に入らないから、あの人の意見も支持しない」**というわけだ。

私は、日本がアメリカから独立して自主性を得ることが、ひいてはアメリカの国益にもつながると信じている。その信念にもとづいて、日米両国が最高のパートナーシップを維持していくために、お互いの変えるべきところ・尊重すべきところを指摘してきた。**「一方が善で、もう一方が悪」**という見方をしたことがない。

また私は、すべての日本人の親友になれるわけではない。ただ個人的な考えを口にしているだけのひとりの外国人にすぎない。この読者は全幅の信頼を寄せられる人生の指導者でも求めているのだろうか。そのような依存症をやめなさいと私は言いつづけているというのに。

「ケントのこの意見は自分と合うけど、あの意見はちょっとどうかと思う」くらいの感覚でいてほしい。学校で受けたテストには正解がかならずあったかもしれないが、現実社会の諸問題は絶対的な正解があるほうが珍しい。「何が正しいか」を決めるのは、その人自身のはずだ。他人の意見はその参考にすぎない。というわけで私自身のことを信用してもらわなくていいから、反日韓国人のように感情的にならずに「こんな意見もあるのか」という広い気持ちで、いいところがあればとり入れてほしい。

原爆投下の最大の目的は戦争に勝つため

沖縄戦では、勝利した米軍も3カ月の戦闘で1万4千人の将兵を失っている。しかも日本軍の抵抗の強さへの恐怖心から精神を病む将兵も多かった。しだいに戦争を続けられる状態ではなくなっていた。

じつはこの沖縄戦の3カ月のあいだに、ヨーロッパ戦線が片づいていた。ドイツが降伏したのだ。**アメリカ国内世論は「日本との戦争も早くやめられないのか」という空気に傾く**。そんななか沖縄での被害が次々と届けられる。直前の硫黄島《いおうとう》の戦いでは6800人の米軍将兵が命を落としていたので、アメリカ国民はこれ以上の悲惨な被害に耐えられなかった。政府や軍に対する批判が高まっていく。

すでに日米間の勝負はついていた。ただ、いつ最終的な勝負がつくかが問題だった。日本はまだ新聞が「一億総玉砕《ぎょくさい》」などと国民の戦意を煽《あお》っていたから、本土決戦に持ちこむ気が満々だとアメリカは思った。いざ本土決戦になれば、沖縄戦どころの人的被害では済まないだろう。日本国民が戦闘に総動員される。沖縄とは違って、山がちの国土を利用したゲリラ戦が展開されたら、手こずるのは目に見えている。本土決戦で米軍が失う将兵は50万人とも100万人ともいわれた。米軍の爆撃によって先に上陸した自軍の将兵に被害がおよぶ可能性もあるだろう。つまり同士撃ちだ。

本土決戦が長引いて被害が拡大すれば、かならずアメリカ国民の中に厭戦《えんせん》気分が起こってくる。ベトナム戦争末期のようなことが起こったはずだ。

しかし、**アメリカは日本との戦いを途中で放りだすわけにはいかなかった。「ほんとうの敵」が現われたからだ。アメリカ軍の手が離れたあとの日本を虎視眈々《こしたんたん》と狙うソ連**である。ソ連はヨーロッパ戦線が一段落したことで、極東に軍備を集中することができた。アメリカ軍が攻撃の手をゆるめたら、ソ連軍がそのまま日本に侵入したにちがいない。

日本との戦争に勝つということは、降伏の宣言を引きだすだけではない。降伏後の日本をアメリカがコントロールすることが重要だった。

それにはアメリカが圧倒的な実力差を示して日本を降伏させなければならない。本土決戦に入る前に、ソ連軍が南下してくる前に、「アメリカには勝ち目がない」とわからせ、早期決着をはかる必要があった。こうして用いられたのが原爆だった。

「アメリカ人はしょせん東洋人を人間とは見ていない。それを証拠にドイツには原爆を投下しなかった」とか、

「ソ連に対して新兵器の脅威を見せつけ、軍事的優位に立つため」とか、

「画期的な新兵器を開発したら使ってみたくなるのが人間というもの」とか、
これまでも原爆投下にはいろいろな理由が憶測されてきた。私もこれらの意見を否定するつもりはない。ただし、もっとも大きな理由は**「この戦争に完全勝利する（ソ連の影響を排除したうえで日本から降伏を勝ちとる）」**こと以外に考えられない。

冷酷に見れば、「原爆投下は結果として、アメリカ将兵の被害だけでなく日本国民の犠牲も減らす役割を果たした」ことは、結果論として事実である。

また、トルーマン大統領は2発目の原爆投下を命じてはおらず、3発目の投下は軍に禁止命令を出した事実をここに付言しておきたい。

戦争における人道

原爆は、いうまでもなく「非人道的」な武器である。また、東京大空襲も「非人道的」な行為である。では、銃剣で敵兵を突き刺すのは「人道的」だろうか。砲撃で人家ごと吹き飛ばすのは「人道的」だろうか。狙撃兵の存在にまったく気づいていない敵兵の眉間《みけん》にライフル弾を撃《う》ちこむことは「人道的」だろうか。

もともと戦争に「人道的か、非人道的か」の議論が成立するのかは疑わしい。私が原爆投下を完全に否定しないのは、頭から「戦争における人道性」を否定しているからだ。だからこれまでも、**「戦勝国」が自分たちの戦争を「正義の戦争」と位置づけ、東京裁判で「人道に対する罪」を設定したことが間違いだと主張してきた。戦争行為それじたいに、人道も非人道もないし、正義も不正もない**のである。

東京裁判の多くの被告たちは次のように考えていた。

「軍人として天皇陛下や国民に対する敗戦の罪なら負う。そのための刑ならつつしんで受ける。しかし、国際社会への人道に対する罪など負えるはずもない。これは戦争なんだ」

まったく正論だ。

もっとも戦線の各地で起きた虐待行為は、戦争行為とは別個に見るべきだろう。しかしこれでさえ偶発的なものである。ナチスドイツがユダヤ人に対して犯した非人道的行為と同列に語ることはできない。ユダヤ人迫害は、特殊な信念にもとづいて計画的に実行されたのだ。

「戦勝国史観」のいちばんの問題は、偶発的な個々の犯罪行為までいっしょにして、日本の戦争行為それじたいを「人道に反する」「正義に反する」と決めつけたことだろう。

それに日本との戦争を好機と考えていた戦中のアメリカは、国内世論の賛同を得るため、プロパガンダによって日本の悪いイメージをつくりあげてきた。

「真珠湾攻撃は**不意打ちの卑怯きわまりないもの**であって、日本軍はその悪質な精神でもってアジア諸国の民衆を圧迫している。アメリカは正義でもって日本帝国主義を倒さなくてはならない」

そうやって**「日本＝奇襲攻撃＝卑怯」という図式をアメリカ国民の意識に植えつけ、日本との戦争に導いた**ものだから、敗戦後の日本をナチスドイツと同様の方法で裁かなくてはならなくなった。東京裁判は最初から結果ありきの「できレース」だった。

しかし、よくよく考えてみれば、**戦後にアメリカが起こしたグレナダ侵攻もイラク戦争も奇襲攻撃**だった。ほんとうに「奇襲攻撃＝卑怯」という理屈が正しいのなら、「アメリカこそ卑怯」ということになってしまう。このジョークのような話にアメリカ人自身が気づいていないのは悲劇だ。

さまざまな理由から**真珠湾攻撃が原爆投下の理由にならないのは言うまでもない。**

話は変わるが、韓国が釜山の日本領事館前に新しく設置された慰安婦像の撤去を見過ごし、「合意」を履行しないことに対する抗議の意味で、日本は大使や総領事を帰国させた。このとき日本の政治的決断に腹を立てた最大野党による批判コメントが興味深い。

「日本政府は、人権や世界正義と争うつもりなのか」

まさかこの原稿を書いているときに「人権」と「世界正義」をナマの声で聞けるとは思わなかった。しかも韓国で。

いまや戦後日本人を縛ってきた「戦勝国史観」を反日韓国人が共有している。つまりこの「人権」と「世界正義」は、中国共産党や北朝鮮の政治工作にも有効ということだろう。日本人はいますぐこのプロパガンダを捨てなくてはならない。

アメリカ人も「反日」か

『キリング・ザ・ライジング・サン』の出版意図は、もちろん私の考えとは根本から異なっている。原爆投下を肯定的に書いたくだりは、本の話題をつくって結果的に本を売るための商業的戦略でしかなく、強い信念があるとは思えない。では、その出版社や著者の策略にまんまと乗せられたアメリカ人の本心はどこにあるのか。

『キリング・ザ・ライジング・サン』はアメリカ人の中にある二重性をうまく利用した。

大多数のアメリカ人は日本を最重要の友好国と認め、いまとなっては日本人の高い精神性も知っている。その一方で「極悪な枢軸国」と見なして戦ったという国の歴史がある。その「正義の戦争」にケリをつけた歴史的事件として原爆投下が位置づけられている。アメリカ人として、こういった過去を否定することができない。

しかし、**アメリカ軍が多くの日本の非戦闘員を殺害した事実は変わらない。**原爆だけが特別あつかいされているが、それは一部でしかなく、沖縄戦や本土爆撃で多くの一般日本人が殺された。戦中にはアメリカ国内の日本人移民や日系人を虐待した歴史もあった。これらはすべて謝罪に値する内容だ。

「われわれは非人道的なのか」――その問いかけに対し苦悩するアメリカ人は、一種の方便に頼らなくてはならなくなった。

「たしかに戦前の日本人は悪かった。だからアメリカはその悪をただした。戦後の日本人は、アメリカが根づかせた民主化によってそのすぐれた国民性をとり戻し、アメリカと友好関係を結んでいる」

日本人がいまだ「戦勝国史観」「東京裁判史観」から解放されていないのと同じく、アメリカ人も「ウソの正義」に縛られている。**一般人に向けた残虐行為への抑えがたい罪の意識に対抗する形で、それを正当化する理屈がつくられてきた。**

幸いなことに日本人は理性を持っている。原爆の恐ろしさを世界に伝えているが、他の国のようにアメリカを名指しして政治利用することはしていない。

オバマが原爆被害者慰霊のため広島入りしたとき、森重昭《もりしげあき》さんという老人と面会し抱擁した。自身も8歳のときに広島で被爆したこの男性は、当時捕虜として収容中だった12人のアメリカ軍将兵も原爆によって命を落としていたという事実を独力で明らかにし、その遺族に伝える活動をしてきた。このニュースはアメリカでも報道され、多くのアメリカ人に衝撃と深い感銘を与えた。

これが日本人だ。アメリカ人はこの気高い民族と同盟関係にあることを、もっと誇りに感じるべきだろう。

第5章

ジャパン・スタンダードをどうやって世界化するか

政治力があってこそ経済力は生きる

とはいえ日本はまだカヤの外

世界に対する民間企業の影響力は大きいのに、国家の政治的影響力がまったく上がらないのが日本だった。

フォーブス誌が「2016年、世界でもっとも影響力のある人物」としてあげたのは、ロシアのプーチン大統領だった。これは妥当だろう。第2位がトランプ。

「トランプがオバマより上なのか！」と思った人もいたと思う。オバマはなんと第48位。第47位に入った黒田《くろだ》日銀総裁よりも下である。このランキングは12月中旬に発表されたものだから、彼は現役のアメリカ合衆国大統領だった。その時点で編集部は「オバマはすでに過去の人」ということを強調したかったのだろうが、あまりにもひどい。

上位の主だった人をあげてみよう。

第3位　メルケル（ドイツ首相）
第4位　習近平（中国国家主席）
第5位　ローマ法王
第6位　ジャネット・イエレン（アメリカFRB［連邦準備制度理事会］議長）
第7位　ビル・ゲイツ（マイクロソフト共同創業者）
第8位　ラリー・ペイジ（グーグルCEO）
第9位　モディ（インド首相）
第12位　李克強《りこくきょう》（中国首相）
第13位　メイ（イギリス首相）
第23位　オランド（フランス大統領）

私が何を言いたいか、もうおわかりだろう。ここまで日本人がひとりも出てこない。**日本人最高位は第29位の豊田章雄《とよだあきお》氏、トヨタ自動車の社長**である。**安倍首相は第37位。これ**

はさすがに低すぎないだろうか。

このランキングはプラスの意味にかぎらないので第43位に北朝鮮の三代目が入っている。メルケル首相の第3位（昨年は第2位）は無謀な移民政策でＥＵの破壊に「貢献」したという意味だろうか。皮肉がふくまれているのはわかるが、それでも第23位のオランドの存在感が安倍首相より上だとは思えない。このフランス大統領はあまりの存在感のなさから次の大統領選出馬をあきらめたくらいの人物だ。

フォーブス誌は経済誌である。安倍首相による政権の安定が日本経済の安定に大きな影響を与えていることには気づいているはずだ。２０１６年6月、イギリスのＥＵ離脱決定の直後に日本円が買われたことを知らない記者はいないはずだ。

つまり**政治分野において、アメリカのジャーナリズムは欧米の四大国とロシア、あとは中国くらいしか眼中にない。**アジアの代表は中国。フォーブス誌の記者にかぎらずアメリカの中心にいる人たちは、日本のことをまだ正しく理解できていない。表現を変えれば、日本の実力を過小評価したい連中とそのシンパが、アメリカのジャーナリズムを牛耳っている。

政権安定の重要性

中国人やインド人は自己主張が強く、メディアはもちろん、さまざまな業界に顔を出してくる。毎日のように中国やインドに関係したビジネスが売りこまれている。フォーブス誌は金持ちになりたい人が読む専門誌だから、その記者は中国やインドがらみのもうけ話の情報にさらされている。そうでないとインド首相が第9位に入って、中国首相が第12位になる理由がつかない。

一方で日本人の声は、なかなかアメリカまで聞こえてこない。日本人は言葉でアピールしないことを謙虚の美徳としてきた。徳のある人であれば行動の質によって相手を動かすことができると考えてきた。日本人が当事者のひとりとなって、いっしょに仕事をしながら何年もつきあうと、そのよさがわかってくる。しかし、はじめて出会う何人かのうちのひとりになると、印象に残らない。アピール不足になってしまう。

もっとも多くの日本人が「それでいい」と考えている。

「他人を押しのけてまでアピールしようとは思わない。日本人は文化の力でアピールして

いく。**押しの強い人しか勝てない政治は、日本人には不向きなジャンルだ」**

日本人はこの時間のかかる人間関係を「スルメの味」と表現する。噛《か》めば噛むほど味が出るというわけだ。時間のかかる関係は、狭い国土の中で同じような考え方の人が顔をつきあわせてきた歴史によってできあがった。外国人に伝わりにくいのは当然だろう。

日本の代表である首相たちもずっとそうだった。欧米先進国サロンであるG7に東洋からひとりぽつんと加わって、世界第2位の経済大国だったのに、存在感の薄さはカナダ首相やイタリア首相並みだった。

比較的目立っていた小泉さんや中曾根さんは、アメリカにぴたりと寄りそうことで「忠実なしもべ」として注目されたにすぎない。日本代表ではなく「二人目のアメリカ代表」だった。これでは他の国の尊敬は得られない。

少なくとも安倍首相は**アメリカと対等な関係**を結ぼうとしている。ずっとアメリカから妨害されてきた念願のロシアとの首脳会談を実現させたし、反米主義をとなえたフィリピン大統領ドゥテルテとも面会した。トランプ大統領がTPP構想から抜けると言ったら、それでも日本は独自で進めていくと応じた。これまでの首相ならできなかっただろう。アメリカの監視や嫌がらせを恐れていたからだ。

日本はようやく「ジャパン・スタンダード」に従った道を歩みはじめた。問題はこの姿勢を持続できるかである。

安倍首相が堂々としていられるのは国民の支持があるからだ。**政権の安定性がその決断力を支えている。**じつを言うと、その悪弊《あくへい》は第一次安倍内閣から始まったのだが、近年の日本の政権はあまりにも短命すぎた。平成に入って3年以上続いたのは小泉政権と現在の第二次安倍政権だけだ。会うたびに相手の代表がころころ変わっていたら、交渉相手として信用できるはずがない。

２０１２年12月に就任した安倍首相はすでに4年以上も政権の座にある。しかもこれは、５年余の雌伏《しふく》の期間を経験したのちに獲得した二度目の首相の座である。日本人は失敗経験の重要性を軽視しがちだが、安倍首相は前回の失敗を最大限に生かしている。世界中を飛び歩き、外交経験は豊富だ。２０１７年5月下旬にイタリアでG７サミットが行なわれるが、この時点での出席首脳の在籍年数を長い順にあげてみる。

ドイツ首相・メルケル	11年6カ月
安倍首相	4年5カ月
カナダ首相・トルドー	1年6カ月
イギリス首相・メイ	10カ月
イタリア首相・ジェンティローニ	5カ月
アメリカ大統領・トランプ	4カ月
フランス大統領	就任直後

ドイツ首相が圧倒的に長く、次が日本の安倍首相である。メイ、トランプ、フランス新大統領はG7デビューだ。国際的な社交場ではキャリアの違いがモノを言う。これまで1～2年で交代していた日本首相がこういった国際舞台でリーダーシップを発揮できるはずがなかった。毎回行く人が違っていたのだから。日本人の政治力だけの問題ではない。外交キャリアの少ない政治家は、このような場でどうふるまってよいかわからないから

国際経験が豊富な政治家を頼りにする。とくにホスト役のイタリア首相はキャリアが少ないので、国際舞台の主となった二人の首相に助言を得ようとするだろう。

日本が世界の政治的イニシアティブを持つことができたら、その影響はかならず経済的効果にも反映する。政治力なしでここまでやってこられた日本の経済力はすごいが、世界が不穏《ふおん》な空気に包まれたこれからは政治力がともなわなければやっていけない。

政治と軍事と経済を一致させて世界覇権を握ってきたのがアメリカだった。日本は軍事的な覇権意識を持たずに、政治と経済を両輪として世界のリーダーになることのできる唯一の国といえる。対する中国は、アジアにおける覇権意識をむき出しにしている。

だから今後、**大きな発展が見込まれるアジア市場を開拓できる存在は、多元化した世界に調和をもたらせる日本しかない。**それには**アジア諸国との政治的な関係、安全保障上の関係が必要**だ。

中国との友好演出の歴史から学ぶこと

アメリカは世界に多くの敵をつくりすぎた。戦後、中南米、アジア・中東、東欧とあらゆるところに顔を突っこんできた。うまく利用されてきた面もあるが、表に立つ役目はどうしても嫌われる。その結果、テロの第一ターゲットにもなってしまった。一般のアメリカ人は心からウンザリしている。

トランプの「アメリカ・ファースト」には「いままで国民の金を使って世界中の紛争にかかわってきたが、結果はこのザマだ。**金のムダづかいはやめて、これからはアメリカだけでやっていく」**という本音がある。

それにくらべて、日本は「世界の嫌われ者」ではない。中国と韓国はくだらない嫉妬と見栄と政権基盤の脆弱《ぜいじゃく》性から、やむをえず反日をこじらせているが、内心では都合よく国際社会との仲介役を果たしてくれる日本の役割に期待している。**中国は最終的に共産党政権が維持さえできればいいし、韓国はいまある経済的繁栄を維持したい。それには日本にそっぽを向かれては困る**のだ。敵に回したら恐ろしい国だということは両国とも痛いほど知っている。

韓国社会は軍事独裁政権の反動で異常なポピュリズムにおちいっているから、その政権の言動は二転三転して信用できない。しかし中国の政権は、よくも悪くも韓国よりかは合理的にものごとを考えられる。裏切り者の韓国はさっさと切り捨てたが、日本は切り捨てられない。やはり日本の影響力は無視できないからだ。

かつて永遠の発展途上国と思われていた**中国が国際舞台に華やかなデビューを飾れたのは、日本やアメリカと国交を築けたから**である。中国は1972年にアメリカと上海コミュニケを宣言し、つづいて日本と共同声明を発表した。日米にとって中国の代表は中華民国（台湾）から中華人民共和国に移った。1978年には日中平和友好条約が結ばれる。

中国人はかつて敵だった同じ東アジア民族との和解に熱狂した。文化のまったく異なるアメリカよりも日本に親近感をおぼえた。両国政府は手をとりあって日中友好を演出していく。日本企業が次々と中国進出し、ともに繁栄を得た。

しかし、時代は変わった。いまのままの中国と韓国では全面的な協力はできない。真の友好国になるには、中国は政体を改めなくてはならないし、韓国は異常な性格を治療する必要がある。そんなことは不可能だろうから、**日本は彼らの本音を十分に理解しながら、最大限利用すればいい。**

そのためには**相手が何を考えているかをつねに認識**していなくてはならない。**相手のこ**

とをよく知らずに手をつなぐことがいちばん危険である。

アメリカがやれないことも日本ならできる

日本の国際的な役割というと、どうしても米ロ関係、米中関係のあいだに日本がどのように入りこむかばかり考えられがちだが、世界は広い。とくに**中韓以外のアジア諸国との関係、とりわけ海洋国との関係が重要**だ。それは、台湾、フィリピン、インドネシア、オーストラリアといった島国、さらに海洋に面したベトナム、シンガポール、マレーシアなど、そしてインドである。

この地域で日本が中心的役割を果たしながら安全保障関係と経済的協力関係を成立させていく。これが「ジャパン・スタンダード」だ。

アメリカはオーストラリアとの関係までは重視してきたが、それより先のアジアまでは手がおよばない。トランプ政権下では、最初に台湾との関係を重視する発言をしたが、**基本的に対中関係以外のアジアは後回しにならざるをえない。日本が「ジャパン・スタンダード」でもって入りこむ余地がそこにある。**

もっとも有名な地政学者のひとりにマハンがいる。アメリカの海軍大学校の教官だった彼は、「アメリカも島国」だから海洋戦略が重要と主張した。歴代大統領はマハンの理論を忠実に実行した。

具体的には太平洋をアメリカの支配下におくという構想だ。太平洋の西岸にある島国を支配下におくことで、ロシアや中国など大陸国家が膨張《ぼうちょう》してくるのを抑えられる。これによってアメリカ本土の西海岸の安全は保障されるというものだった。アメリカはハワイを手に入れ、フィリピンをスペインから手に入れた。

日本の横須賀《よこすか》が世界最強の海軍部隊・第7艦隊の母港となっているのも、マハンの理論を現実化しているからだろう。120年も前の理論がいまでも有効なのだ。ただしフィリピンの基地は、反米を公言するドゥテルテ大統領の誕生で、この先どうなるかはわからない。

自国の利益と対抗しない範囲であれば、アメリカはこの地域における日本独自の積極的外交を望んでいる。**日本とアメリカの共通認識として、アジアが「中国化」することだけは防がなくてはならない。そのための日米同盟関係に生まれ変わる**ときが来た。

安倍政権が見せた**フィリピンとの友好関係構築は、画期的な「ジャパン・スタンダード」の一例**となった。フィリピンはかつてアメリカ領であり、解放後も長くその支配下にあったため、一般庶民には潜在的な反発心がある。２０１６年12月時点の調査で「アメリカを信頼しているフィリピン国民76パーセント」という数字があるが、額面どおりには受けとれない。ドゥテルテ大統領は国民の潜在的な反米感情を利用したから、あれだけの支持を得たとも考えられる。

日本とフィリピンの外交関係は、その重要性にくらべると活発に行なわれてはこなかった。ところが２０１７年1月にフィリピンを訪問した安倍首相は、５年で１兆円規模の支援を発表する。これは破格のあつかいで、**日本がフィリピンを最重要国として認めた歴史的瞬間**と評価できる。フィリピン国民は「**これからは日本とやっていく**」と熱狂した。

外国人をうまく使う

英語で発信することの意味

国粋《こくすい》主義的な日本人は「どうして日本人が英語をやらなくてはならないのか。そんなヒマがあったら日本語の美しさを極めるべきだ」と言う。それは一理ある。

しかし、世界を対象にしたいときは現実問題として、英語を理解できる人数は日本語を理解できる人数よりはるかに多い。英語で表記すれば読める人の数は格段に増える。**英語は日本人の考え方を世界に伝えるための最良の道具**だ。なにも言語としての英語の特長や英語文化の真髄を学べというのではない。

ユーチューブなどで日本文化や日本人の考え方を発信するときも、英語の字幕をつけると外国からの視聴数が飛躍的に伸びる。

日本語だけの発信だと、外国人はそれに行きあたることすらできない。そもそも検索キーワードすらわからない。

字幕がムリならタイトルに英語を併記するとよい。タイトルだけなら辞書を引きながらでも、それほどの労力を要しない。文法が不安ならキーとなる英単語を並べればよい。それでも難しいというのであれば［JAPAN］や［JAPANESE］の一語を入れておくだけで目にふれる可能性はずっと大きくなる。興味さえ持たせれば、相手はより深く知りたいと考えるようになる。

外国人のコメントが多くつけば、日本のまとめサイトがとりあげてくれる。日本人の目にふれる機会も増えて一石二鳥だ。

日本人の考え方を記した本も、いまのところ日本人が読むだけで終わってしまっている。私はこういったものを英語に翻訳して、もっと多くの人に読んでもらえないかと思う。

アパホテルの元谷《もとや》会長が出版された『理論近現代史学Ⅱ』の内容に中韓が食いついた。この本はアパホテルの全室におかれている。札幌で行なわれた冬季アジア大会の選手用宿舎にアパホテルがふくまれていたことで騒動が大きくなった。

これも日本語版だけだったらスルーされていただろう。**この本に日本語と英語が両方書かれていたから**、英語を読める中国人がその中にある「南京大虐殺はなかった」という記述に食いついたのだ。

こういう話を聞くと、一部の日本人が「日本語だけにしておけばよかったのに」という反応をするだろう。しかしそれは間違いだ。**世界は著者の主張に反発する人ばかりではない**。中国人や韓国人ですら、母国で一般化されている歴史認識に疑問を感じる人がいる。台湾人や香港人にはこの記述に賛同する人が多く現われている。

「まず知ってもらう」ということが大切で、どう評価されるかは二の次なのだ。自分が正しいと思うことを一部の支持者だけに読んでもらってどうするのか。懐疑的に見ている人や、傍観者、敵対する人に読んでもらわないと理解は広がらない。

対アメリカでいえば、日本政府やその機関が発行したレポートを英訳して、ワシントンに住む中心人物に配布する方法も効果的だろう。その数はせいぜい500人くらいだ。中心人物の手に渡れば、そこから周辺の人たちにも渡っていくし、敵対する勢力にも渡る。結果的に多くの人が日本の主張を知ることになる。

これまで日本が理解されなかったのは、主張の内容が間違っていたからではない。伝わっていなかったのだ。伝える努力が足りなかったともいえる。**多くの人が知らなかったから、一部の人が好き勝手な解釈をしてきた。その解釈がひとり歩きしてきた。**

親日のアジア人を巻きこんでいく

日本にやってくる外国人観光の主力はアジアだ。**中国、台湾、香港、韓国で全体の72・7パーセント**を占める。その絶対数は今後も増えていくだろうし、この流れに触発されたほかのアジアの国からも多くの観光客が訪れるだろう。

彼らが日本に対していだく感情は特別なものだ。東洋ではじめて世界の大国に列し、欧米の大国とわたりあい、いまも世界の最重要国のひとつである。いわば**東洋の潜在力を西洋に示したパイオニア**が日本なのだ。その絶対的な地位は、中国がＧＤＰで世界第２の経済大国になっても揺らぐことはない。この事実は中国人の一般民衆も認識している。

観光は最大の宣伝だ。「日本人は反中だから殴られるかもしれないよ」と言われてきた中国人観光客が、実際に日本に来てみたら、当たり前のように日本式の待遇を受ける。それですっかり感化されると、**母国に戻って「日本人は最高だ。日本は最高だ。聞いていた話と全然違う。中国も日本をめざすべき」と宣伝してくれる。**

一般民衆から巻きこんでいくといい。地道な積み重ねが一般的な中国人の対日観をしだいに変えていく。彼らが**「中国共産党の言うことは9割ウソかと思ったら、全部ウソだった」**と気づくまで続ければいい。あとはこの影響力の強さに共産党政権がどこまで耐えられるかだ。中国政府がとつぜん日本への渡航を制限しだしたら、いよいよ彼らもヤキが回ったということだろう。

だからわざわざ日本に来てくれた中国人や韓国人を低くあつかうことだけはやめよう。**丁重にお迎えして丁重にお帰りいただく――これが正しい島国のホスピタリティ**である。日本人が閉鎖された社会で培ってきた**表面上の礼儀正しさが、最大の武器**となる。気に入らない相手をにらみつけてしまうのは野蛮人がやることだ。日本人には愛国心を免罪符《めんざいふ》にしたネトウヨではなく、**合理的な考え方のできる保守主義者**であってほしい。

日本人《にほんじん》は「国際感覚《こくさいかんかく》」なんてゴミ箱《ばこ》へ捨《す》てろ！

平成29年3月10日　初版第1刷発行

著　者　ケント・ギルバート
発行者　辻　浩明
発行所　祥《しよう》伝《でん》社《しや》
〒101-8701
東京都千代田区神田神保町3-3
☎03(3265)2081(販売部)
☎03(3265)1084(編集部)
☎03(3265)3622(業務部)

印　刷　堀内印刷
製　本　ナショナル製本

ISBN978-4-396-61594-9 C0030　Printed in Japan
祥伝社のホームページ・http://www.shodensha.co.jp/